ネットワークであなたの人生を
最高に変える頭と心の使い方

パーフェクトメソッド

江頭俊文

Toshifumi Egashira

あさ出版

はじめに

モナコからの帰りの便。

私は、自分の頭の中を整理することでいっぱいいっぱいでした。

それほどモナコで過ごした時間は衝撃的で、世の中には上には上があるものだと思い知る体験の連続だったからです。

とある大富豪の方から言われた、

「江頭君、モナコは癒しを求めに来る場所ではなく、まだまだ小さな自分という事実を心に刻み、また走り出す場所なんだよ！」

という言葉と最上流階級ならではの独特の空気感に触れたことで生まれた、新たな目標に向かうというコミットを心に深く刻みつけ、帰国したのでした。

この本は、今の私と同じような【達成したい目標を持った人】のためのものです。

前著『パーフェクトドリーム』の続編であると同時に、私の31年のＭＬＭの集大成にもなります。

ところで、「成功するには○○が必要！」という問題があったら、あなたは空欄に何を入れますか？


考え方？

努力？

運？


他にはありますか？

目標、モチベーション、願望、人間性、数を当たること、感情、引き寄せ、ＮＬＰ、○○ハック、行動科学、マインドマップ……。

挙げ出したらきりがありませんよね。

いったい何が正解なのでしょう？


こんなことを言うと元も子もありませんが、その答えは【全部正しい】です。

なぜなら、そのことをやって成功した人がいるから、それだけの方法が生まれたわけです。

ごめんなさい、この本を閉じたくなりましたか？（笑）

しかし、【成功】というパズルがあり、【自分に足りていないピース】を探して成功できた人がいたとしても、その人が選んだピースがそのままあなたに当てはまるとは限りません。

この本は、あなたに足りていないピースを見つけ、それを補うことであなたを成功に導く、【オーダーメイドの成功法則】を見つけるためのものです。

世の中にたくさんある成功要素と行動原理を、すべての人間が持っている、たった三つの不変的な法則にまとめ、紹介するとともに、あなたにどの部分が足りていないかがわかるようデザインしています。

また、あなただけでなく、**あなたのグループ、メンバーが抱えている問題にも９割近く答えています。**

「これこれ、ここをあの人に読ませたいわー」

というボイスチェンジの本にもなります。もしかしたら、反対にグループの方から、

「あなたもここを読んだほうがいいですよ」

と言われてしまうかもしれませんが……（笑）。


まずは、この本を手にされたことに祝福を!!

この本は、あなたの潜在意識が見つけてくれたものであり、今のあなたを成功に導くために必要だから現れたのです。

この本との出会いが、あなたの成功の一つのきっかけになることが私の無上の歓びです。


この本を、私の時間の95％を一緒に過ごす妻の恵美子と、私の人生に様々な影響を与えてくれたすべての人に捧げます。

２０１６年７月　江頭俊文

第1章 成功者がやっている思考法

第2章

可能性を最大限に引き出す

潜在意識の使い方

第3章

成功するＭＬＭメソッド
〜個人の動き方〜

第4章

成功するMLMメソッド ～グループリーダーとしての動き方～

第5章

多くの人が失敗する七つの理由

第6章

成功し続けるために知っておくべき九つのこと

プロローグ――31年間の気づき

27歳のとき。

私は、「何かが足りない」という漠然とした焦燥感に押しつぶされそうになっていました。

今思えば、成功をつかむチャンスが音を立てず、すぐ近くまで歩み寄って来ていたのに、当時の私はそのことに気づく術がありませんでした。

東京で8年間閉じこもってひたすら絵を描き続けた後、福岡に戻り、車も人脈もお金もないなか、すがるような気持ちでＭＬＭをかじり始めました。

このとき、成功とは程遠い人生を歩いているような気持ちだったことを、今も覚えています。

そんなとき、業界でも屈指の成功者が、私にこう言ったのです。

「多くの人は、成功できない理由を能力の欠如や環境のせいにしますが、それは間違っています。

成功に必要なものは考え方です。

この会場に能力がない方がいたら、あなたの脳と私の脳を入れ替えさせてください。

あなたの環境で私は絶対に成功してみせます！」

この言葉は私の心に突き刺さりました。

もちろん、冷静に考えれば、脳を入れ替えることなんてできないし、根拠のない発言とも取れますが、あのときの私はなぜか、心の底からこの言葉に「そうなんだ！」と納得したのです。

人生を左右するのは「努力」なんだ！

そう信じて絵を描き続け、ＭＬＭもし続けましたが、それだけでは成功は得られないことを悟りました。

以来31年、成果を求めていくうちに様々な気づきと出会い、多くの体験をして確信に変わったこともあるし、今思うと成功した理由を勘違いしていたかも……と思うような恥ずかしい出来事もありました。

「はじめに」でもお話ししましたが「成功するには○○が必要だ！」という問いに対する答え、または信念があなたにもあるはずです。

当時の私にとっての信念は「努力」でしたが、ある人は「考え方」と言い、またある人は「運」と答えるはずです。

目標、願望、人間性、引き寄せ、行動科学、モチベーション、プラス思考、メモの技術、早起き、計画力……。

挙げればきりがありません。

いったい、どの信念が成功と直結している「正解」なのでしょう。

実は**【すべての人間、すべての業種において絶対に必要な三つの成功法則】が発見されています。**

すべてではないですが、【多くの人に共通する法則】や【できるようになるとかなり効果的な成功法則】もあります。これらの予備的な成功法則はすべて【絶対的な三つの成功法則】の中に集約できるのです!!

その絶対的な三つの成功法則をささえる要素が、【意識】【潜在意識】【セルフイメージ】です（17ページ）。

言い換えると、【考え方】【運】【努力】です。

【意識】……願望、感情、理解、目標、計画、決断

【潜在意識】……大量行動、スコトーマ、自動操縦システム、健康、セレンディピティ（引き寄せの法則）、アファメーション、インカンテーション

【セルフイメージ】……ホメオスタシス、水準の法則、達成能力、モチベーション、成功者を被る（モデリング）、質問の質

絶対的な三つの成功法則

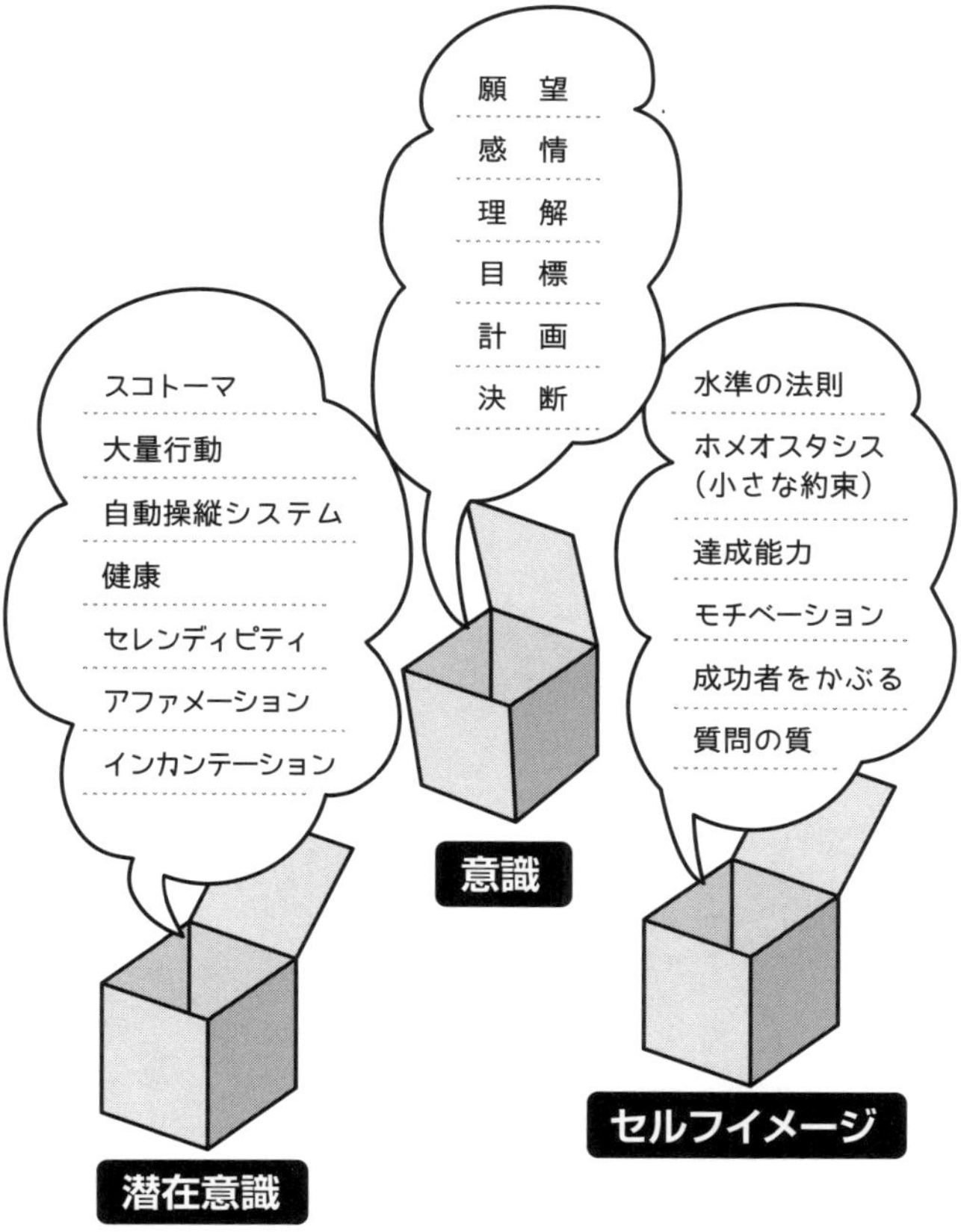

そして、この法則を一つにまとめ、表にしたものが、19ページの図になります。

それではいよいよ、あなただけの成功法則づくりをスタートしましょう!!

成功法則の関係

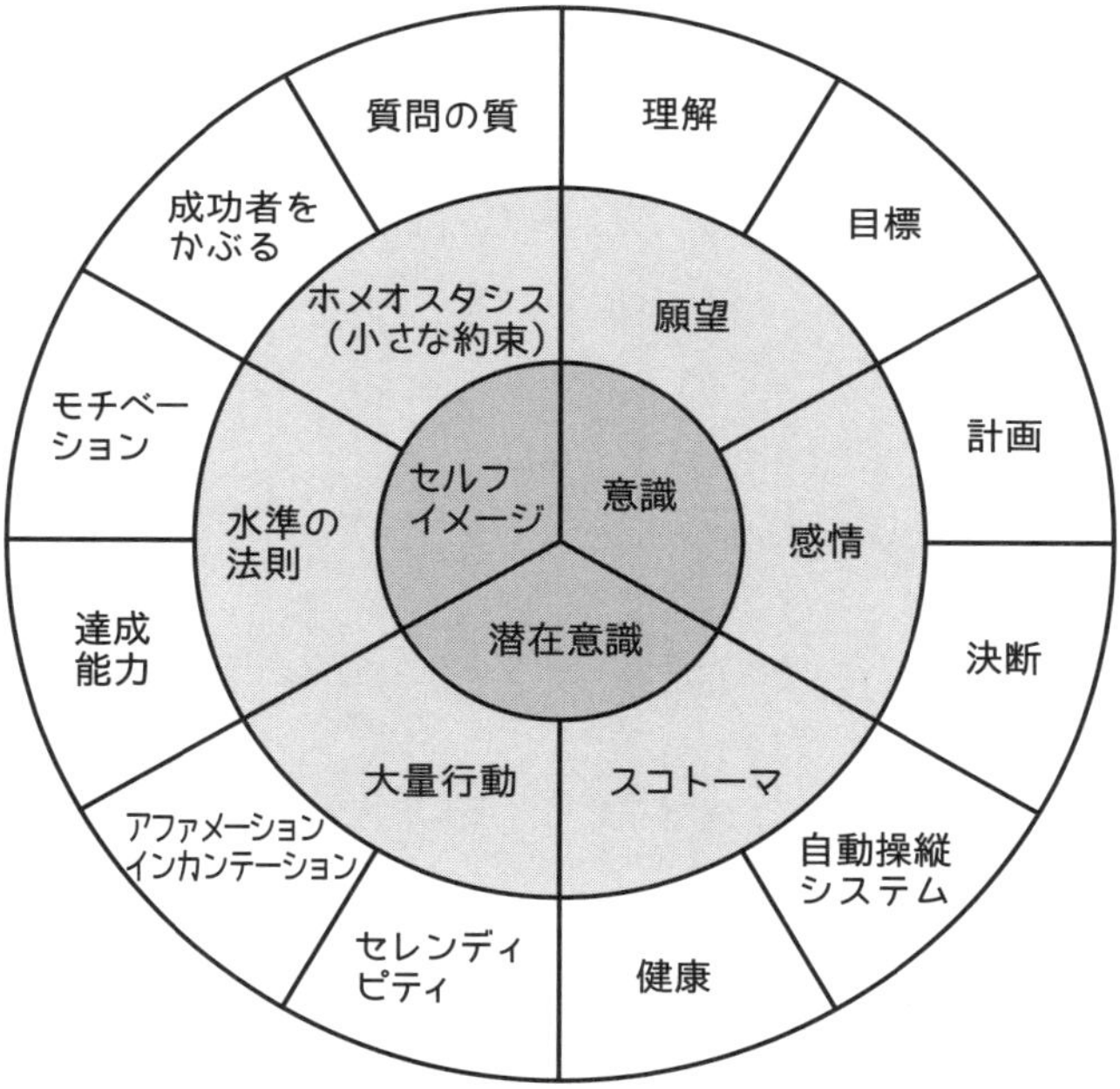
質問の質
理解
成功者を
かぶる
目標
ホメオスタシス
（小さな約束）
願望
モチベー
ション
計画
セルフ
イメージ
意識
水準の
法則
感情
達成
能力
潜在意識
決断
大量行動
スコトーマ
アファメーション
インカンテーション
自動操縦
システム
セレンディ
ピティ
健康

第1章

成功者がやっている思考法

金メダリストを育てたメンタルマネジメント

今から40年以上も前、当時ライフル射撃の選手だったラニー・バッシャムは、自身の射撃実績について大きな悩みを抱えていました。

彼の射撃の腕は一級品。しかし大会では金メダルをことごとく逃し続けていたのです。

「練習では世界一なのに、なぜ本番では実力を出せないのか」

それがラニーの悩みの種でした。

ライフル射撃は、50メートル離れた11ミリの的に当てるという気の遠くなるような競技で、常に高い集中力と技術力、そして強靭な精神力が要求されます。

悩み抜いた末、彼は一つの結論に達しました。

「本番になると途端に成績が落ちる。つまり自分に足りないのはメンタルではないか」

そこで彼は精神の仕組みを研究し、メンタルを鍛える訓練を徹底し、見事、金メダリストに輝くことができたのです。

現役を退いた後、ラニーは選手をメンタル面から支える指導者となり、多くのメダリストを育成しました。

彼が編み出したこの精神理論を「メンタルマネジメント」と呼びます。スポーツ業界では今や必須のものとなっている学問です。

そしてこの体系が30数年ほど前から、スポーツだけでなく、ビジネスにも使われ始めています。

ラニーが構築したメンタルマネジメントは、近年の脳科学・心理学の飛躍的な発展で、学問としてだけでなく科学的にも次々に立証され脚光を浴びています。

本章ではまずこのメンタルマネジメントの要素である、【意識】【潜在意識】【セルフイメージ】についてご説明します。

この要素は、人間には絶対的な三つの要素です。どんな仕事でも、いや、語学などの学問やスポーツや楽器の習得でも絶対に必要な要素なのでしっかり学んでください。

精神を構成する三つの要素

それでは一般的なメンタルマネジメントの理解から進めていきましょう。

先ほども書いたように、メンタルマネジメントには【意識】【潜在意識】【セルフイメージ】の三つの軸から成り立っています。

【意識】は文字通り「考えていること」ですが、考えている意味より「何が心に描かれているか」が重要になります。

【潜在意識】は「私たちの生命活動や動作を自動的に行ってくれる力」です。

【セルフイメージ】とは「あなたらしさ」を司る習慣や思考法、価値観のことを指します。

細かいところは後々詳しく説明するとして、まずは一般的な例を通して、三つの違いを把握しましょう。

メンタルマネジメント三つの軸

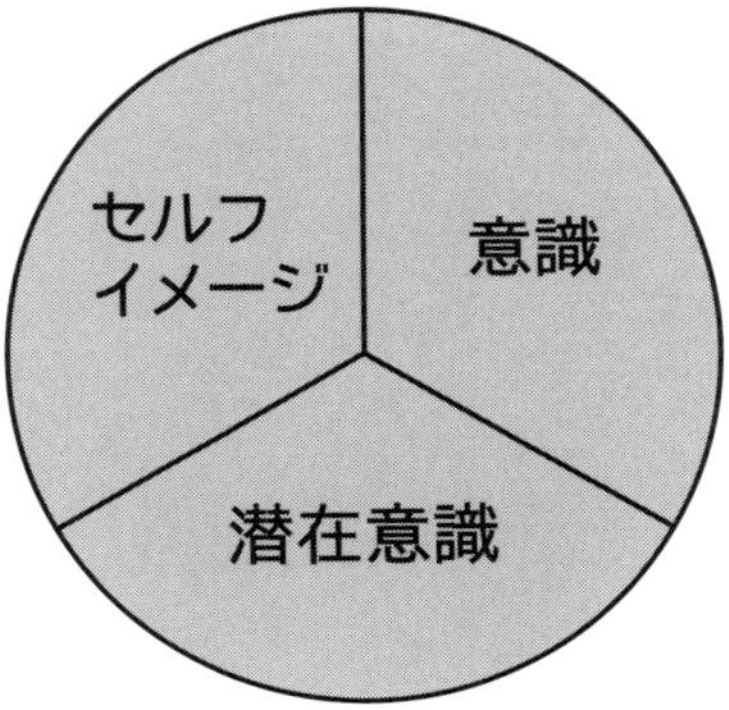

「朝起きて会社に行く」シーンを想像してください。

目覚まし時計が鳴ったとき、あなたは【意識】で起きようと思いベッドから出ます。

しかし、歯を磨くときに「どうやって今日は磨こうかな」とは考えないでしょう。

あなたは【潜在意識】によって、自動的に動き方や力加減をコントロールし、意識することなく歯を磨き上げます。

さすがに力が入りすぎて歯ブラシを折る人はいませんよね(笑)。これが【潜在意識】のなせる技です。

歯を磨いたら次は着替えです。服を選ぶときあなたは何を考えますか？

「似合うかな？　ちょっと派手かな？　この時期ちょっと暑苦しいかな？」

これらはすべて【セルフイメージ】。「あなたらしさ」という基準のもと、着るべき服を決定しています。

何を「考え」、何を「自動的に行い」、何を「自分らしい」と感じるかがあなたという人間を形づくっています。

それでは次に、三つの軸の特徴をそれぞれ細かく見ていきましょう。

【意識】はスクリーンに映し出される絵

本書中でもおそらく1、2を争う、とても重要な原則があります。それは……

【意識】は、物事を言葉や意味ではなく、イメージ（映像）として処理し、そのイメージを潜在意識がそのまま実現させる、ということです。

だから**「どんなイメージを心に浮かべるか」が成功の最も大きな要素**になります。

心をスクリーンとするなら、【意識】はそのスクリーンに映し出される絵。

【意識】は言葉そのものの持つ意味ではなく、「心にどんなイメージ」が浮かんだかが重要なのです。

そのことがよくわかる1例が、「○○がない」というイメージです。

「チューリップがない」という状態を絵に描くことはできますか？

それが無理なように、【意識】の世界では否定形をスクリーンに映すことはできないのです。

「○○がない」はイメージできない

【意識】について私はいつもこんな有名な例えを用います。

「今から私が言うものを想像しちゃだめですよ、いいですか？」

そう前置きしてから、

「想像しちゃいけないものはピンクの象です！」

みんな必ずピンクの象を想像してしまいます。

言葉の意味では、イメージしちゃダメと禁止しているのに、心のスクリーンにはダメと言われたものがしっかりと浮かびます。

似たような表現はいくつもあります。

「ブスじゃない」と言われて喜ぶ女性は

いませんし、ゴルフで「右の池に気をつけて」と注意を受けたら、池に落ちる軌道をイメージしてしまい、まっすぐなショットが打てなくなります。

お母さんが、コップに水を入れて運んでいる幼い子どもに言います。

「こぼさないようにね！」

言われた子どもは何をイメージするでしょうか。もうおわかりですよね。

「ほーら、こぼした」

「お前のせいだよっ」ってツッコむところですね（笑）。

子どもに「上手にテーブルまで運んでね」と声をかけてあげるべきだし、「ブスじゃない」は「可愛いね」だし、「池に気をつけてね」ではなく「まっすぐ飛ばそう」というプラスイメージを想像できる言葉を投げかけてあげるべきなのです。

実は**多くの人が、「失敗しない」「めげない」「あきらめない」「やめない」「断られない」といった言葉を、「成功する」「頑張る」「やりきる」「認めてもらう」といった言葉と同義語のように使っていますが、言葉の意味とイメージがまったく違う**ことはこれでよくわかりましたよネ？

私はこれまでたくさんの方に会ってきましたが、よく観察していると面白いくらい、成果が出ていない人に限って、「〇〇しない言葉」を多用しているのです。

よ～く成功者の言葉遣いを注意して聞いてください。

この部分、成功者は間違いなく押さえていますよ。

【意識】が映し出すものは一つ

DVDプレイヤーにディスクを2枚入れても、画面に二つの映像が出ないのと同じように、心のスクリーンに描かれるイメージはたった一つ。**【意識】は一度に一つのことしか考えられない**のです。

つまり「目標を達成すること」と「失敗すること」を同時にスクリーンには映し出せないのです。

その描くイメージがあなたの〔望むもの〕か〔望まないもの〕かのどちらを映し出しているかが成功を左右するのです。

「どちらか1つ」ですから、プラスのほうのイメージをしたいところです。

しかし残念なことに、人が描くイメージの多くはマイナスなのだそうです。

なぜ私たちはマイナスばかりイメージしてしまうのでしょう？

人類の歴史をさかのぼると人は古代から常時十分な食料に恵まれてきたわけではありませんし、大自然から身を守る技術もなく、危険な動物からも狙われたりして、現代人よりもかなり生存リスクの高い毎日を送っていました。

ということは、襲われないように脅威を感じるセンサーを磨き、リスクから逃げる道を選べるタイプだけが生き残ってきたことになります。

私たち現代人のご先祖様は、マイナス発想が大の得意だったし、私たちはその子孫ですから、マイナス発想はお手の物なのです。

ということは駄目なのは、マイナス発想を抱いてしまうことではありません。

マイナス発想に気づかないことが駄目なので、そのたびにプラスのイメージに塗り替えていこうとする【意識】を持つことが必要になります。

マイナスをプラスで上塗り

数学者のマルシャル・ロサダと、ノースカロライナ大学の心理学者バーバラ・フレドリクソンが、「最も価値があるプラスとマイナスの比率」を実験で見つけ出し、これを**「ポジティビティ比」**と呼んでいます。

実験の結果はポジティブ対ネガティブが1対1だとうつ、2対1だと沈滞、そして3対1だと繁栄で、楽観的で幸せな状態をキープし始めるそうです。

6対1ともなると効果は抜群で、最高の業績を上げたとのこと。

このポジティブな言動というのは、相手を褒めることだったり、おやつの差し入れだったり、とにかくプラスイメージなことを繰り返すことで効果があるそうです。

つまり……**マイナスを1回考えてしまっても、プラスを3回以上考えてしまえば、マイナスは帳消しになるのです！**

これは習慣なので、集中して何度もマイナスイメージを塗り替える訓練をしておくことで変えられる技術なのです。

繰り返すことによって次第にマイナスの発想が減り、プラスの発想がどんどん増え始め、そして常に幸せな気持ちをキープすることができるようになるのです！

さて、こういったことを読んでいくうち、あなたは「なるほどこんなことでいいのか」「これなら自分にもできるかもしれない」と考え始めているはずです。

ということは……ちょっと待ってください！

何気にあなたはすごいことをしていることに気づいていますか？

私はあなたに「【意識】のイメージを変えなさい」とかなりの難問を吹っかけているのですが、あなたはそれを無意識で「できると思って受け入れている」のです。

「【意識】は一瞬で変えられる」ことを実演できてることに気づいてください。

これは後々、重要なテクニックとなるので覚えておいてくださいね。

【願望】の強さが成功への布石

【意識】の原則をお伝えしましたが、次は【意識】の中でも際立って、成功の条件として頻出するものをご紹介します。

それは【願望】です。

多くの成功法則が、「どうしても成功したい！」という【願望】の強さが、私たちを成功へと導いてくれると伝えています。

私もまったく同感で、私たちは人生で様々な障害と出くわすことになりますが、それを乗り越えていけるのは【願望】の強さでしかないと思っています。

ここで一つ、潜在意識のジャンルになりますが、非常に重大な事実を発表します。

それは、**人間の脳は実際に見たものと、あたかも現実のようにイメージして見たものの区別がつかず、どちらの場合も脳の同じ視覚中枢（視覚野と呼ばれる感覚領）を**

活発に動かしているということです。「信号」としてとらえられているということです。

「成功している自分を思い描きなさい」と、あなたも一度は誰かから言われたり、本の中で見かけたりしたことでしょうが、それはおまじないでも気休めでもありません。

脳は**「現実に起きたこと」と「現実に起きたようにイメージしたこと」を区別できない**というのは、科学的に証明されているのです。

もう一度言います！　科学的に証明されているのです！

それどころか……なんと**「現実に起きたこと」よりも「現実に起きたように強くイメージしたこと」のほうを、脳は強い信号として、現実のように受け止めるのです。**

ここは腑に落ちるまで何度も読み返してほしいところです。

【願望】は、強ければ強いほど、人生を成功へと導いてくれます。

後にアファメーションやインカンテーションといったテクニックについてお話ししますが、成功する最強の武器といわれるインカンテーションは私も毎日やっていますし、かつて成功したときは毎回この【願望】の力によって、成功させていただいたものです。

【願望】の話はひとまずこのくらいにしておきましょう。願望をどうやってつくっていくかとか、他のテクニックとの応用方法などについては、また後ほど詳しくご説明します。

何よりも【願望】がとても大切なのだということを覚えておいてください。

意味づけで【感情】を変える

近年になって、【感情】というものが非常に重要な成功の要素として取り沙汰されるようになっています。

もっと軽い表現なら、気分と呼ぶ人も少なくありません。

かつての根性論が成功を支配していた時代だと「気分で仕事をするな！」と叱られそうですが、人は結局のところ【感情】によって動き、ひいてはその【感情】が、世界経済を形成したり、戦争にまで発展したりするものだということを、多くの学者も認めているところです。

ではその【感情】は、いったい何によってつくり出されると思いますか？

悲しいことがあると落ち込む。嬉しいことがあると喜ぶ。

いわゆる出来事によって【感情】が生まれる。そう思う人が多いようですが、本当にそうでしょうか？

あなたが子どものころを思い出してください。

楽しみにしていた遠足の朝、雨が降っていたら気分はいかがでしたか？　すごく落ち込んでいたはずです。

しかし同じ雨でも、水不足に悩んでいる農家の方にとってはどうでしょうか？　恵みの雨に違いありません。

雨という同じ出来事なのに、子どものあなたと農家の方で、抱く【感情】はなぜ違うのでしょう。

それは、**感情とは出来事に「あなたがつける意味づけ」によって起こるもの**だからです。

成功者には、あきれるほど、この「意味づけ」の天才が多くいます。

偉大な発明家エジソンは、自分の集大成である研究所が燃えたとき、「こんなすごい光景は滅多に見られないからお母さんを呼んできなさい」と子どもに言いました。

そして、「これで私の失敗はすべてこの世から消えてしまった」と語ったとも言われています。

矢沢永吉さんもかつて数十億円の詐欺にあったとき、一度は落ち込んだそうですが「これは映画だ」と思って気分を変え、数年で見事完済したそうです。

成功するのに一見ピンチと思える出来事は必ず起きます。

なぜお約束のように必ず起きるのかというと、**ピンチは自分が次元上昇するときの抵抗みたいなものだからです。**走ると風が当たるのと一緒と思ってください。

逆に、何も起きないという状況は、変化もないということ。成長や前進はないものに等しいのです。

ピンチをチャンスに変えるような**意味づけの発想力、解釈力は、実は磨けば磨くほど身についてくる【後天的な能力】**です。育てることのできる技術なのです。習得して磨かない手はありません。

意味づけは脳に多大な影響を与えます。エジソンや矢沢永吉さんのような意味づけの技術が駆使できるようになると、【感情】の変化と同時にワクワクを脳で感じるこ

【意識】を構成するもの

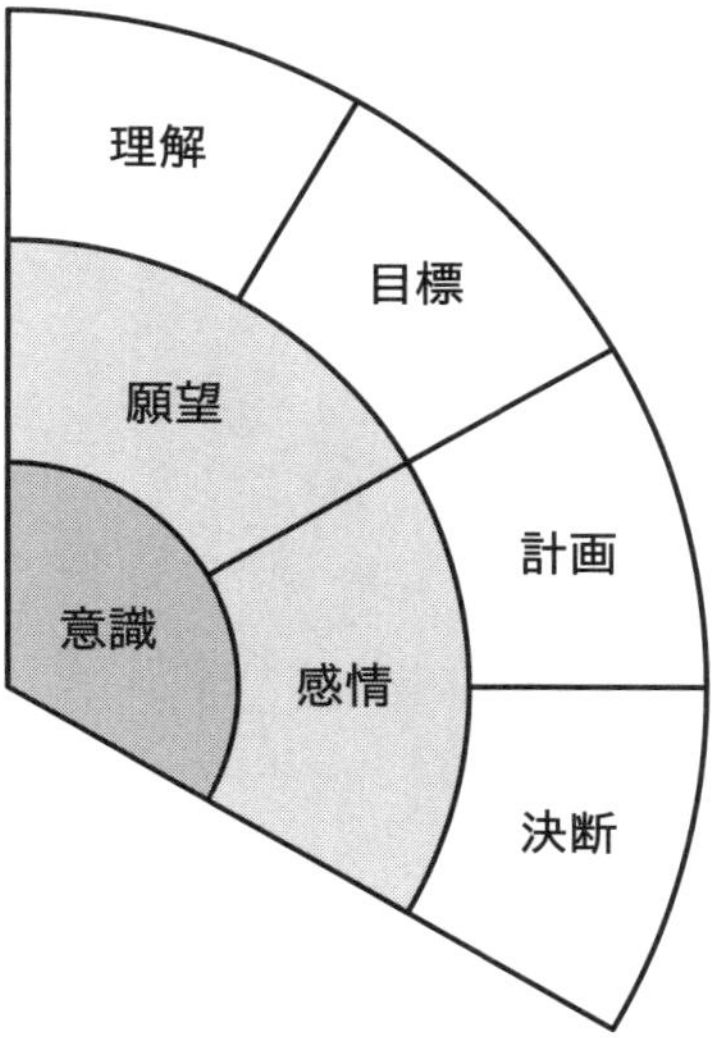

とができるようになります。

このワクワクが、後でご紹介する【潜在意識】にもたらす影響力といったら、計り知れないものがあるわけです。さらには【セルフイメージ】にも大きく関わってきます。

それでは、どうやって意味づけの力を鍛えていけばいいでしょうか？

もうおわかりでしょうが、**ピンチに遭遇する数を増やすこと**です（笑）。

練習する場面がないと磨くことはできませんものね？

成功のスキル「大量行動」について述べる項目でもお伝えしますが、たくさんのピンチに出会って、技術を磨いていきましょう。

【潜在意識】とは

ここからはメンタルマネジメントの二つ目の軸、【潜在意識】についての基本をご説明します。

冒頭でお話しした「朝起きて会社に行くシーン」の、「歯を磨く」場面が【潜在意識】

でしたね。

【潜在意識】は体や道具の使い方を、意識せずともスムーズにできるようになる力を司っています。

【意識】が一度に一つしかスクリーンにイメージを映し出せないといったのに対し、【潜在意識】は一度に複数のことをこなせます。

どれくらいかというと、驚くことに、一度に数百万個（汗）くらいだそうです。

音楽をかけて、鼻歌を口ずさみ、友人と話しながら、車を運転し、これにプラスして体を動かし、他のことも自動的にやってしまうくらい、【潜在意識】の能力は計り知れないものがあります。

また、【意識】は起きている間しか稼働しませんが、**【潜在意識】は命のある限り、寝ている間もずっと稼働し続けてくれます。**

体の機能で言うと、息を止めると肺の動きは停止しますが、心臓や腎臓は意志の力で停止することができません。大事な体の機能たちはすべて、【潜在意識】がコントロールしてくれています。

さらに信じられない事実が明らかになっています。

写真を撮ってもらうとき、とっさにピースサインを出しますよね。このとき体の中でどんなことが起きているかというと……。

ピースサインを出そうと脳で思ってから、その信号が脳から筋肉へと伝達され、指がピースサインをつくる。

今まではそう考えられていました。

しかし、何度実験しても、信号の伝達よりも先に、指が早く動いているのだそうです。厳密には0．3秒ほど早く動作を行っていることが証明されています。

ということは、変な言い方ですが、ピースサインを出している自分を見て、その後で「自分はピースサインを出した」と**【意識】**で思い込んでいるだけなんです！

あまりにも複雑で哲学的な話になるので細かいところは割愛しますが、今ここでお伝えしたい結論は**「私たちの行動は【潜在意識】に動かされている」**ということです。

【潜在意識】の無尽蔵な力を活用する

【潜在意識】は飛行機のフライトで、目的地をインプットすれば、自動的に目的地に向かって飛んでくれる、自動操縦システムに例えられることがあります。

確かに家から【駅に向かって歩いているとき、いちいち曲がり角や周囲の建物を意識せずとも、駅に到着できるのも【潜在意識】によるものと言えます。

【潜在意識】には想像を絶する力があり、努力という言葉も虚しいほどに、実は【潜在意識】が私たちの日常を支配し、コントロールしているという事実が、勉強すればするほど見えてきます。

つまり、私たちが今いる現状は、自分自身で【意識】し考え行動して突き進んできた結果のものではなく、**【潜在意識】に動かされてきた部分が95%**と言われています。

しかし、【潜在意識】に動かされているのなら、それを逆手にとり、私たち自身で【潜在意識】に目標をイメージさせ、自動的に行ってもらうよう設定すればいいのです。

このことに気づいている成功者は、【目標】を【潜在意識】に落とし込む作業を最優先しています。

ですから彼らは、後にご紹介するアファメーションやインカンテーションといったものを日課にして、毎日の生活に取り入れているのです。

私はこれまでいくつかの実績と成果を生み出してきました。

そのたびに私はこう思ってきました。

「本当に努力によって得たものかな?」

「偶然が重なって達成したんじゃないのかな?」

一見、虚しくなるほど、巡り合わせで成功してきた感があったのですが、勉強を重ねたことで「あー、あれは【潜在意識】のおかげだったんだな」と思えるようになったというか、ほとんどがそうなんだなと確信しています。

そのため、最も効率のいい【潜在意識】の利用は欠かせません。朝いちばんやお風呂で、毎日【潜在意識】に落とし込むインカンテーションを行うようにしています。

しかし、あまり強く言うと、私が常に【潜在意識】だけで動いているように思われそうですが、もちろん【意識】で考えて働いていますよ。

ただ、働くといっても人の100倍も働くことは物理的に不可能ですが、【潜在意識】ちゃんは【意識】ちゃんの何万倍ものすごい力を平気で出すので、【潜在意識】ちゃんの力を借りています、ということです。

【大量行動】で【潜在意識】に落とし込む

それでは、【潜在意識】を使いこなすための最も簡単で単純な方法をお教えします。

それは**数をこなすこと。【大量行動】**です。

決して褒められた行為ではありませんが、最近は歩きスマホをしている人をよく見かけます。

あれがもし、歩くことに**【意識】**が行っていたら、スマホでメールを打ったりなどはとてもできません。

小さいときから、歩くことを**【潜在意識】**に落とし込んでいるから、次の次元に行けるわけです。

仕事でよく「数をこなしなさい」と言っている場面に遭遇しますが、この数をこなすという行為を勘違いしている人が多いです。

とにかく数をこなしていくと、確率的にうまくいく回数が増える、といった確率論でとらえている人がいますが、本当はそうではありません。

【潜在意識】へ落とし込むことが数をこなすことの真意です。

プロのスポーツ選手を想像してみてください。

彼らが超人的な運動神経で、観る者をあっと言わせるパフォーマンスを行えるのは、単に筋肉が鍛えられているからではなく、圧倒的な練習量でたくさん数をこなしてきたから、体が自然と対応するのです。

たとえば野球なら、ボールにバットが当たった瞬間、体が反応して動けるのは、【意識】ではなく【潜在意識】が先に動いているためです。

逆のケースも考えておきましょう。

最近の子どもがちょっと転んで大けがをするのは、親が過保護になって転ぶ数が足りてないから。転んだときの反応を【潜在意識】に落とし込めていないからです。

ベテランスピーカーがセミナーで話すのを聞いて、「あんなには話せない」という感想をもらす人がいますが、彼らは何千回と話すことによって、何も考えずに話せるようになっているだけです。

最初から上手に話せる人なんていません。はじめのうちは、内容を間違いなく順番に話すことでいっぱいいっぱい。

だんだん慣れてくるとギャグを飛ばしたり、相手のうなずき具合や目の動きを見て、「今の説明はわかってないかな」といったことまで推察する余裕が出てくるものです。

実はなかなかスポンサーできないという人の大半は、この大量行動が足りていないのが原因です。

この【大量行動】には思いがけないおまけがついてきます。

それは、自分で話したり動いたりすることで、**理解度を深めるだけでなく、まったく違った表現を思いついたり、異なる要素が結びついて新しいアイデアがわいてきたりすること**です。

私の経験では、百回単位で一つずつ次元が上昇していける気がします。

【大量行動】で技術を磨き、【潜在意識】へと落とし込んで、さらには新しい発見を生み出していく。

変な言い方ですが、「【意識】して【潜在意識】を使いこなす」ことが成功への近道です。

【潜在意識】を構成するもの

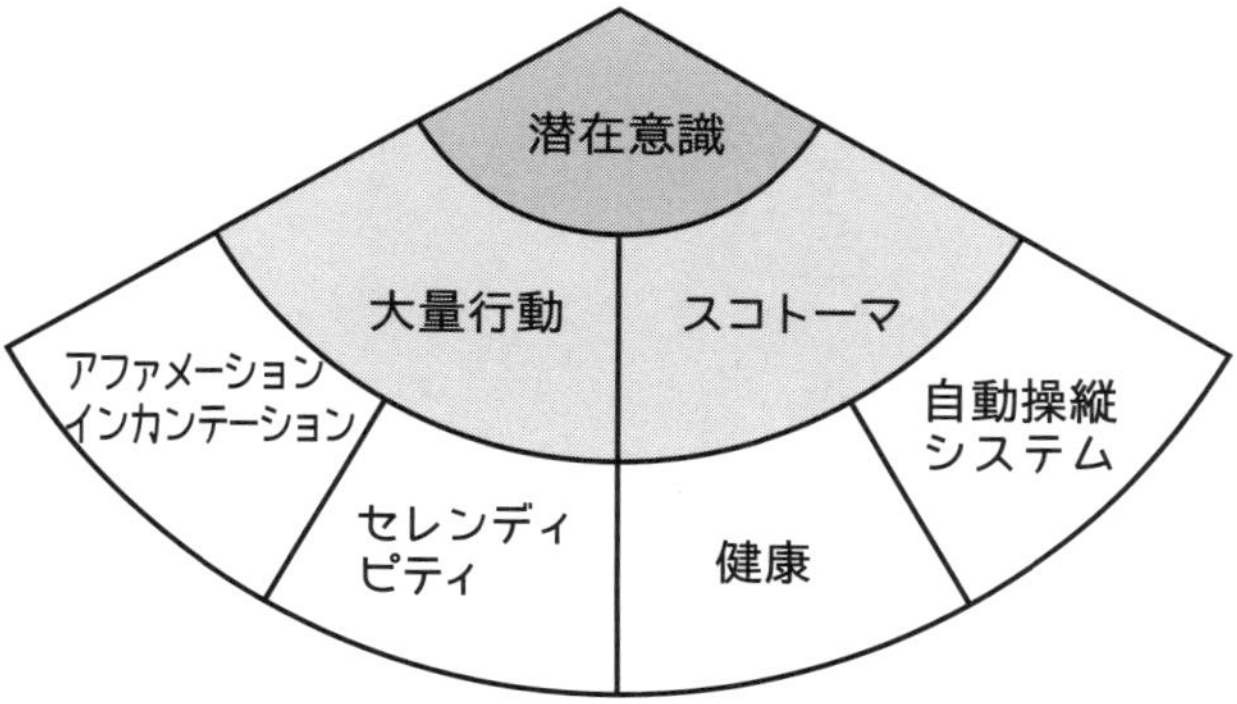

【セルフイメージ】とは

本章のラストはメンタルマネジメントの３つ目の軸、【セルフイメージ】についてお話しします。

「朝起きて会社に行く」シーンにおける服選び。「自分らしさ」を表現するのが【セルフイメージ】です。

【セルフイメージ】とは、あなた自身が自分のことをどう思っているかというもので、幼少のころから周りの人や自分によって「私はこんな人間だ」とつくりあげられたイメージであり、自分で信じきっている「事実とは異なる真実」で、その基準通りに実行してしまう行動の物差しです。

まず【セルフイメージ】には、**「【セルフイメージ】と、あなたの行動の質や量は、常に一致する」**という大原則があります。

人は自分らしいと思えるゾーンが最も心地よく、そこから出ると不快なので、いつもゾーンの中に留まろうとします。

ボーリングを例に説明しましょう。いつも120くらいのアベレージを出す人が、ゲームの序盤で思うようにスコアが稼げず、「このままなら100を切ってしまうかも」と不安になっても、終盤帳尻合わせのようにストライクが決まりだし、アベレージが120へと近づいていくのです。

逆に「このままなら150はいけそうだ！」と期待しても、調子が狂い始めて土壇場でミスを発動し、120へと収束していきます。

こんな経験、誰もがあるのではないでしょうか。

これこそが、いつも自分らしいと思えるゾーンへと留まろうとする、【セルフイメージ】の大原則なのです。

あなたの【セルフイメージ】が、無意識の連係プレーであなたらしい120のスコア前後に微調整してくれているというわけです。

ちなみに【セルフイメージ】とよく混同されるのが【自信】です。

【セルフイメージ】は「自分が自分のことをどう思っているか」ですが、【自信】は「自分の行動や成果に対する信頼の積み重ね」のような感覚です。

たとえば「私は売れているミュージシャンです」と呼称するのが【セルフイメージ】、「これだけCDが売れたしコンサートチケットは常にソールドアウト」といった実績の積み重ねに近いものを【自信】と思ってもらえたらいいでしょう。

ただ、【自信】と【セルフイメージ】は連動するので、高い【セルフイメージ】を持ちつつ実績を重ねて【自信】をつけていければ、高い相乗効果を得られます。

つまるところ、**成果を変えたければ【セルフイメージ】を変えなければいけません。**

あなたらしいところ、ボーリングの例で言えば、120のゾーンからどうやって抜け出し、140や150へと【セルフイメージ】を動かせるかがカギになります。

その方法をご説明する前に、まずはその「【セルフイメージ】のままでいようとするもの」の正体を探っていきましょう。

【ホメオスタシス】を上手にコントロールする

ています。

「【セルフイメージ】の塗り替えに反発するもの」の正体は【ホメオスタシス】という、「恒常性」と呼ばれるものです。この体の働きは、実は日常の至るところで出くわしています。

たとえば、暑いときにいっぱい汗をかくのは、熱を発散させて体温を元の状態へ戻そうとするため。

これは、体に異常が発生したときに元の状態へと戻そうとする体の機能、【ホメオスタシス】によるものなのです。

私たちは太古の昔、たとえば狩りの途中で猛獣に出くわしたら、一気にアドレナリンが分泌されて、戦うか逃げるかするでしょう。

しかしアドレナリンが出続けると、やがて死に至るので体を元に戻すため、【ホメオスタシス】が働きます。

このように私たちの体は、恒常性という名の通り、体を常の状態に保つ機能が、興奮状態を鎮めるわけです。

ところでこんな経験はありますか？

スーパーカーを見て「自分も乗ってみたい！」。

豪邸を見せられて「こんな家に住みたい！」。

そう思ったことは誰しもあると思いますが、**実はその興奮が長続きしないことも、皆さんよく知っている**ことです。

そのことを「夢から覚めた」とか「燃えている気持ちが持続しなかった」とか言う人がいますが、これは実は【ホメオスタシス】によるもので、脳の正常な働きなのです。

三日坊主の正体もこれが原因です。

ということは、人は永遠に変われないのでしょうか。

安心してください、そんなことはありません。人は変われます。

ちゃんと手順を踏めば、この【ホメオスタシス】を逆手にとって成功することができるのです。

要は**ホメオスタシスを上手にコントロールして、【セルフイメージ】のポジションを調整していけばいい**のです。

【セルフイメージ】の変え方

私は絵描きを目指そうとしたとき「色彩感覚が悪い」と言われました。

これが画家を志す者にとっては致命的なことくらい理解できましたので、直そうとしたのですが、色彩感覚は先天的なものだから、一生変わらないとも教えられました。

しかし私は、色彩感覚がいいと言われる人の絵を何枚も模写し続け、3年後には「色彩感覚がいいね」と言われるようになったのです。

最近になって「色彩感覚は後天的なものである」という研究結果が発表されましたが、当時は「色彩感覚が悪い」とはイコール「筆を折れ」と宣告されたようなものです。

何故できたのか、当時の私を分析すると、まず、無理という言葉を信じませんでした。私の信念は**「人間に不可能はない！」**です。

私の【セルフイメージ】は「今は色彩感覚が悪いけど、努力で良くなる自分」だったような気がします。

「不可能などない！」の信念のもと、私は変われたのだと思います。

こんな楽観的な発想を持てたことについて、私は母に思いっきり感謝しています。

私は失敗したとき、母に「まぁ、あなたともあろうものが……」と言われ続けてきました。

今では他界したので聞くことは不可能ですが、きっと母は「私の可能性」から、そのような発言をしてくれたのだと思います。

おかげで私はやればできるといった【セルフイメージ】を持てましたが、逆に、本当はやればできる人なのに、周りや自分の評価に影響されて、「できない私」という【セルフイメージ】を持たされている人もいるわけです。

実はそちらのほうの人が圧倒的に多く、たびたび私は驚かされます。

さらには口では楽観的なんだけれど、実際の努力をしていないので、結局は自分の嘘にやられて成果を出せない人も数多く見てきました。

【セルフイメージ】は事実と無関係？

もう一つ、大切なことがあります。

どうやら**【セルフイメージ】は、事実をそのまま反映したものではない**ようです。

事実でいくと、イチロー選手は10打席中3割前後ヒットを打ち、7割近くアウトになっている選手です。

つまりイチロー選手の【セルフイメージ】は、「3割ヒットを打つ」と「7割アウトになる」の、2面からとらえることができるのですが、さすがに彼の失敗に焦点を当てる人はいないでしょう。

当然彼自身、7割のアウトから学ぶことはあっても、そこを【セルフイメージ】に映していたら、絶対彼の偉業は生まれなかったはずです。

ということは、事実から【セルフイメージ】を生み出すのではなく、事実をどう解釈しているかで、私たちは自らの【セルフイメージ】を形成していることがわかります。

あなたのセルフイメージは事実からではなく、それをどう評価するかの【周りの声と自分の声】でつくられてきました。

ということは……、今からでも、周りや自分の評価次第で、新しい【セルフイメージ】をつくることは可能なのです。

そしてこれを読んだからには、今までは【意識】せずに自然とつくられてきてしまっていた【セルフイメージ】を、今日からは【意識】してつくることができるのです。

事実は変えることができませんが、人生は変えることができるのです。

【セルフイメージ】を変えるテクニック

まずは「成功者をかぶる」という、成功者になりきるテクニックがありますが、これは子どもだまし風でも実はかなりガツンときます。

やり方は簡単。まず、あなたの「目指している」特定の人物を思い描き、その人の着ぐるみを想像で用意しちゃいます。

さらに、その着ぐるみの背中についているファスナーを開けて（あくまでイメージですよ！）、着ぐるみの中に入る動作を実際にしてその人になりきったイメージをします。

ＭＬＭであれば、その人になりきってしゃべったり、スピーチしているところを想像し、一人でなりきる時間を持ちます。

馬鹿馬鹿しいと感じるかもしれませんが、騙されたと思ってやってみてください。

成功者をかぶる

本当に効果がありますから。

その人に実際に「なる」ことで臨場感が増し、【セルフイメージ】を一変することができますよ。

次に大事にしたいのは「小さな約束を守る」。

【セルフイメージ】は自分のことを「いい奴じゃん！」と思えることがいちばん重要なので、直接仕事と関係ないものでも、「いい奴じゃん！」と思えることをすれば脳は錯覚します。

たとえばこんな約束を決めておきましょう。

玄関の靴をそろえる・しまう

トイレ掃除をする
散歩中にごみを拾う
新幹線で降りるときに他人のシートも元に戻す
お店の人に心のこもった挨拶をする

些細なことですが、「約束を守った」という解釈が、【セルフイメージ】をよりいいものへと押し上げてくれます。

自分を「いい奴じゃん！」と思える回数が増えるよう積極的に小さな約束をつくっていきましょう。


そして最後。

「スケジュールを真っ黒にする」ことで「こんなに動いている私」という【セルフイメージ】を無理やりつくる。これが最強です。

私も頻繁に使うテクニックです。

とあるリーダーがこう言っていたことがありました。

「これだけ動いて成功しなかったら、このビジネス自体がおかしい！」

この状態の【セルフイメージ】に変われれば確実に成功します。

ここまでになるとゲーム感覚で楽しみながら予定や計画を入れたくなるし、真っ黒に埋まったスケジュールを見ながら、心の底から成功を確信できるようになっていくのです。

この体験を持てること自体が、はっきり言って一生ものの財産です。

私は32歳のころ、X社のタイトルを獲る半年間のことを今でも鮮明に覚えています。そのときに成功を確信する感覚を知ることができました。

「苦しかったけれど、あれができたんだからな」という生涯の【セルフイメージ】がつくれました。

【水準の法則】で【セルフイメージ】を更新

自分の技術やレベル、地位や収入といったものは、自分の周りにある環境の平均値に大体収まっていると言われています。

もっと単純な言い方で、**成功するかしないかは、一緒にいる人たちの水準で決まるということで、これを【水準の法則】と呼びます。**

自分の収入は、よく飲んだり遊んだりする仲間5人の収入の平均値と同じだ、という話はあなたも聞いたことがあるかもしれません。

成功法則の中には必ずといっていい程「**成功者の近くにいること**」という項目が登場します。

何となく理解はしていましたが、【セルフイメージ】の勉強をすると、仕組みがよくわかってきました。

【セルフイメージ】は周りや自分から受ける評価。

成功者と一緒にいれば、周りの評価によって自分のレベルは引き上げられますし、自分自身も、成功者と話したり意見交換したりすることで、「この人たちと同じステージにいる」という実感が持て、【セルフイメージ】を塗り替えることができるのです。

できれば話すだけでなく、一緒に食事に行ったり、旅行へ出かけたりすると、さらに【セルフイメージ】は上がっていきます。

ただ、ここでちょっと問題があります。

いきなりですが、孫正義さんと柳井正さんと三木谷浩史さんとあなたの４人で食事をすることになった。

すごいですね……でも想像してみてください。

何を話しますか？

会話についていけそうですか？

メチャ緊張しそうですよね。

では思いっきり想像した後で、いつもの友人と一緒に居酒屋で飲んでいる光景を想像してみてください。

「ふぅー！」と肩の力が抜けて、めちゃリラックスするでしょう？

そうなんです、自分のレベルを上げてくれそうな人といるとすごく疲れるんです(笑)。

【セルフイメージ】の構成

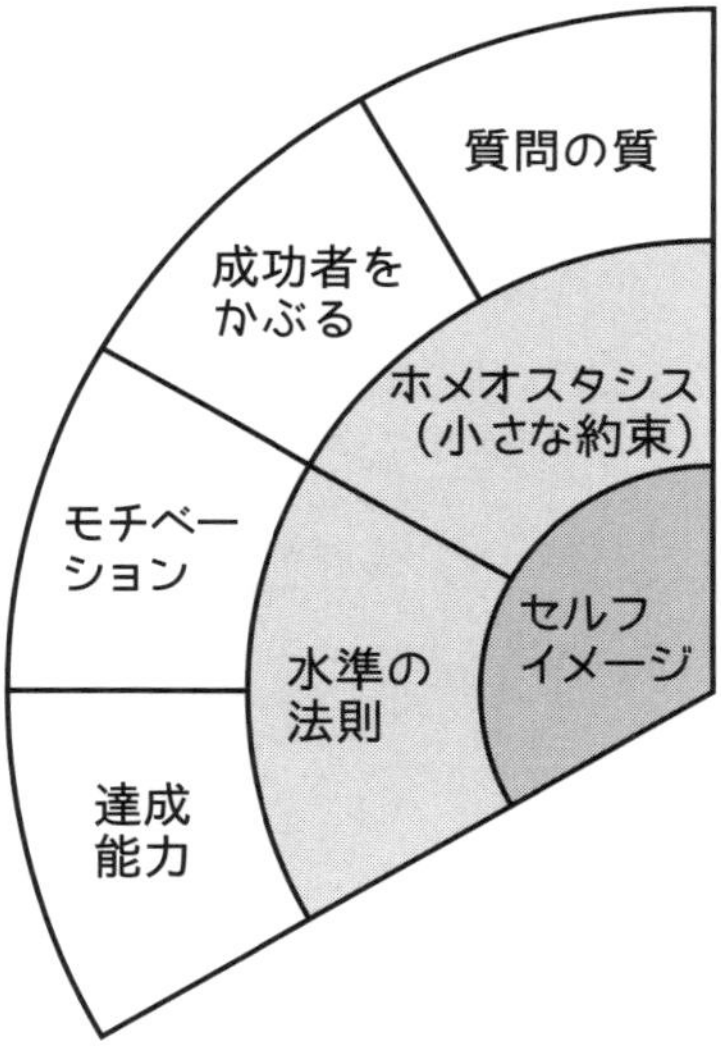

しかし【セルフイメージ】を一新したいなら、めちゃ緊張する環境へ積極的に飛び込まないといけません。

しかし、**最初は窮屈で居心地が悪いと感じるゾーンでも、次第に慣れていき、当たり前の水準が上がっていきます。**これを成長と呼ぶのです。

そのころにはもうあなたの【セルフイメージ】は段違いにランクアップしています。

もはや成功者への道を歩きだしたも同然なのです。

後はそのイメージに向けて、自然と【ホメオスタシス】が働いてくれますから。

第2章

可能性を最大限に引き出す潜在意識の使い方

見えないボタン

200万分134……これがこの章のテーマです。

電車に乗っている人を見渡して、こんなことを感じたことはありませんか?

「この人たちが見ている世界はみんな同じなんだろうか?」

果たして人は、同じ世界の中にいて、同じものを見ているのでしょうか。

他人にはなれないので、これは永遠の謎のようですが、答えは「ノー!」です。


あなたは今、車を運転しているとしましょう。

とってもお腹が空いていて、ランチのことばかり考えています。

さて、あなたの目に飛び込んでいる窓外の景色はというと、レストランだったりするはずです。

一方、助手席に座っている同僚は、今日中にお金を引き出したいと思っていたら、

ＡＴＭの置いてあるコンビニだったりするはずです。

２人が見てきた景色は確かに一緒のはずですが、果たして同じものを見てると言えるのでしょうか？


『見えないボタンの見つけ方』で私が言いたかったことを、一言でまとめるなら、次のようになります。

「私たち人間は、同じものを見ているようでも、人の数だけ一人ひとり違う世界を見ている」


実は、科学的に答えは出ています。

カメラのように現実をそのまま取り入れている人は誰一人としていません。

脳波計測器で誘発電位を計測すると、脳は受け取った情報を絶えず解釈して処理しています。

視覚、味覚、聴覚、触覚、嗅覚。五感で受け取れる情報の数は、なんと毎秒２００万。

これは先ほどの車の例なら、窓外に見えていた広がる景色すべては、膨大な情報量として、【潜在意識】によって脳へ送られていることになります。

しかしここから私たちは【意識】によって選別を行います。

たくさんの送られてきた情報のうち、ランチを食べられる場所やお金を引き出せる場所だけに絞っていくのです。

この、【意識】レベルで拾い上げられる情報の量はいくつかというと、**200万のうち、たったの134だけ。**

残りはどうなるのかというと……捨てられてしまいます。

意識からあっさり消されてしまっているのです。

これは、**私たちが見たり感じたりしている現実は選択されたものであって、「誰一人として同じ現実を生きてはいない」**ことを意味しています。

映画『マトリックス』は、認知科学や脳科学のスペシャリストが集まって脚本をつくったそうです。

あの映画で描かれていた、世界は一人ひとりが勝手につくりあげた（正確にはコンピュータによって制御された）世界という設定は、あながちフィクションとも言えないのです。

２００万分の１３４、つまり１５０００００分の１の情報しか人はキャッチしていない。

これはいったい私たちにどんな影響を与えているのでしょうか。

そしてそのキャッチしている情報が人によってまったく違うと、いったいどういうことが起きるのでしょうか。

本章では、第1章でお話しした【メンタルマネジメント】の三つの軸、【意識】【潜在意識】【セルフイメージ】に絡めて、これらのテーマについて理解を深めていきます。

「真実は一つ！」なわけがない

73ページの絵を見てください。

おばあさんに見えたり若い女性に見えたりするのは、絵の中のどの情報を【意識】で拾っているかによって違っていきます。

では75ページの絵はいかがですか？

最初はただの模様にしか見えません。

しかしよく視点を変えてみると、キリストのような、あごひげの男が見え始めます。

そして一度【意識】が認識すると、今度はあごひげの男にしか見えなくなります。

子どものころ、天井のシミや壁の木目から人の顔を見つけた経験があるでしょう。

模様のように見える形から意味のあるものを見つけ出そうとするのは、人間の本能なのだそうです。

しかし、引き出されるもの自体は、人それぞれでまったく違っています。

だから「あそこのシミ、顔に見えない？」と言っても、相手は「え、どれ？」「全然見えないけど？」となってしまうのです。

人は多くの情報から自分が選んだものを選択して、他は捨てている。すでに先ほど書いたことです。

これは言い方を変えると、**人は自分の考えや価値観に合致しそうな情報だけ選び、自分が見たいように見て、聞きたいように聞いている**、と解釈できるのです。

そもそも私がこんなことを考え始めたのは、このような疑問を抱いたからです。

「同じビジネスの話を聞いても、喜んでやる人と断る人がいるのはなぜだろう？」

「同じ話を聞いてるのに、ここまで反応が違うのはなぜだろう」

最初は価値観の違いと思っていましたが、今以上になりたくない人はいないはずなので価値観の違いではない!! そしてこんな仮説を考えてみたのです。

人は**「同じ話を聞いてもその中から違う情報を選択し、他を捨てているから、人によってまったく違うビジョンを見ている**のではないか？」

そうでも思わないと、不条理だと思えるくらいの反応の違いを私は目撃し続けてきたのです。

この仮説は、今では確信になっています！

見えている世界の見え方の違いで、行動する人とそうでない人がいる。言い換えれば、お互いの見えている世界が近づけば、みんなほぼ同じ結論を出すはずです！

テロリストの肩を持つつもりは毛頭ないし、理解できませんが、きっと彼らは彼らで「どうしてこんなことがわからないんだろう」と思っているのではないでしょうか。

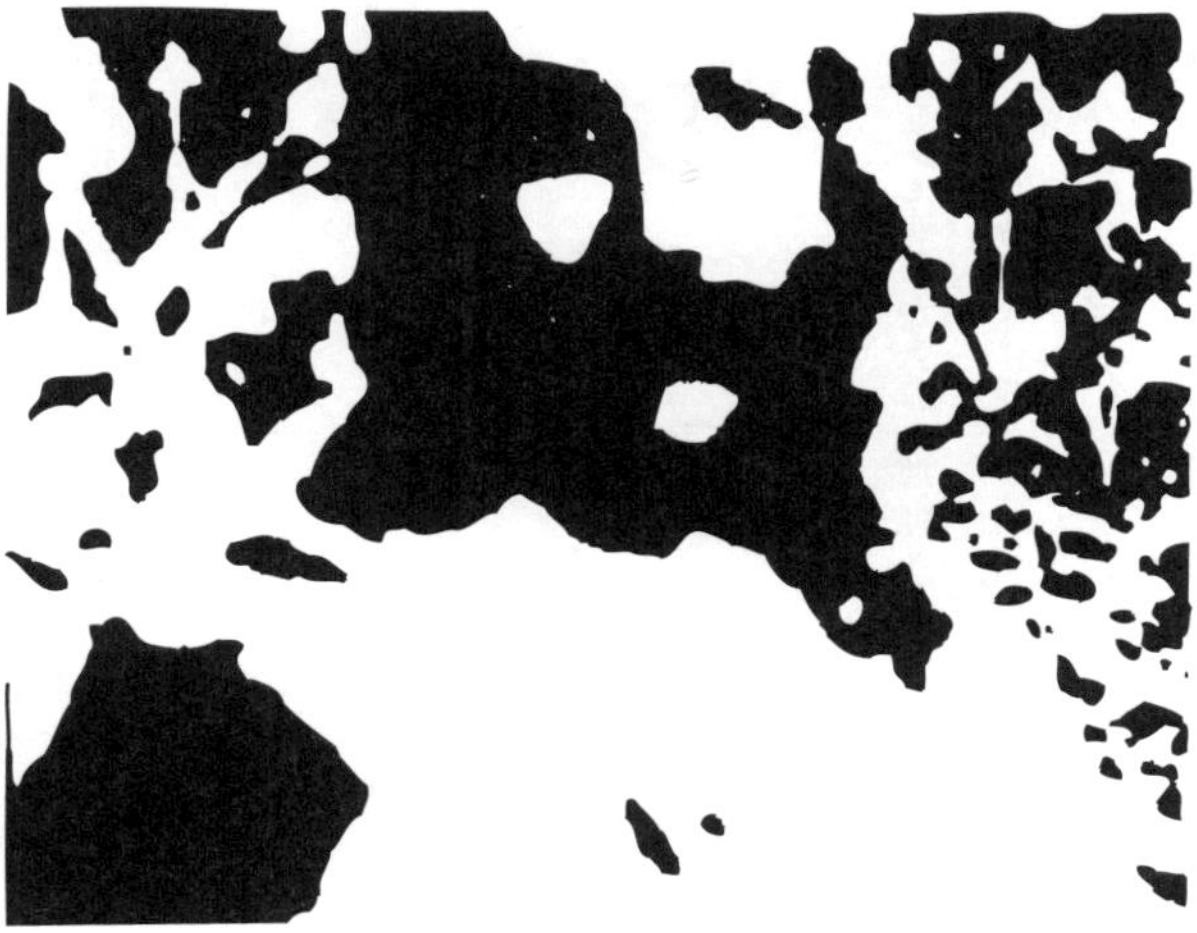

情報の取捨選択が価値観を生み、見える世界をまったく違うものに変えている。

結果、反応や意見や考えの食い違いを招き、果ては衝突や誤解や争いを生むことになっている。

1万5000分の1しか情報を拾えていないことによる影響はまさにここです。

ここまでたどり着いて、私はようやくコミュニケーションの謎が解けたような気がしたものです。

【スコトーマ】で省エネモード

そもそもなぜ、情報を捨てるなんて無駄なことをするのか?

脳(【潜在意識】も含めたすべて)を100%稼働させるには変電所1機ほどのエネルギーが必要と言われますが、そんなことをしたら体の他の機能にエネルギーが供給されず、生命の維持ができなくなってしまいます。

そこで【潜在意識】がわざと脳を1万5000分の1の省エネモードで動かすこと

にしているのです。

【潜在意識】では拾っているのに、省エネモードにより捨てられた情報、見落としている「盲点」のようなものを、【スコトーマ】と呼びます。

そしてこの【スコトーマ】は、人や環境や状況によって場所がまったく違うのです。

私は日課で愛犬を連れて散歩へ出かけますが、散歩中、すれ違う他の犬にはつい目が行きますが、飼い主さんのことはほとんど見ていないので、別の日、犬を連れていない飼い主さんに挨拶をされても、「誰だっけ？」となってしまうことがたまにあります。これも【スコトーマ】によるものです。

この、**省エネモードで稼働している作業とは【視覚や聴覚の貼りつけ（コピペ）】です。**

奥さんの髪型が変わったのに気づかないのは、「奥さんとはこんな顔」とコピペしているので、ちゃんとは見ていないという現象なのです。

考え方にもこのコピペがあり、それを既成概念や思い込み、先入観や偏見と呼びま

す。

これらも省エネモードによるもので、重要なことに【意識】を集中させるための人間の本能的な機能です。

たとえば壇上でスピーチの最中、水でのどを潤したとき。

水を見ながら「なぜこんなに透き通っているんだろう」なんていちいち考えていたら、スピーチに集中なんてできませんよね。

私たちは大事なことだけにエネルギーを集中させるため、1日の大半をコピペで過ごしています。

そして、**省エネモードで思い込みとして隠れていたものが、あるとき別の見方でふと姿を現す体験を、人は「気づき」と呼んでいます。**

「引き寄せの法則」の正体

しかしよく考えてみてください。

なぜ、【潜在意識】で200万もの情報を拾っておきながら、そのほとんどを捨ててしまうのでしょうか。

こんな無駄な仕組みを神はどうしてつくりたもうたのでしょう？（笑）

進化論が正しいとなると、無駄な能力や機能は退化していくはずですから、生物の中で**人間だけがずっとその一見無駄そうな機能を持ち続けているのには、きっと意味や理由があるはずです。**

サヴァン症候群と呼ばれる症状があります。

映画『レインマン』にて、ダスティン・ホフマン演じる主人公はサヴァン症候群の発症者で、異常に数字を暗記する能力に優れている一方で、コミュニケーション能力に支障をきたしていました。

私が思うに、パソコンでいうメモリーのようなものが人間にもあり、何かに秀でていると、メモリーをいっぱいいっぱい使っているPCの動作が重くなるように、他の機能が劣ってしまったりするのではないでしょうか。

しかし、200万もの情報を取り入れる能力を備えていることに意味があるとするならば、ひょっとしたら、火事場の馬鹿力といったような、いざというときのために残されているのかもしれません。

あるいは、これは「確信のある仮説」ですが（笑）。

実は、私たちの知らないところで、その膨大な情報たちとあなたの【願望】が、たとえば睡眠中やテレビを見ている間にもお互いにアクセスし合っていて、表面には感知できない感覚野で、私たちを【潜在意識】下の元に動かしているとしたらでどうしょうか。

運命の出会い、人生や仕事での成功を、私たちは単なる偶然や幸運として片づけていますが、本当は【潜在意識】に操られた結果なのかもしれません。

俗に言う「引き寄せの法則」は、もしかしたらこういったメカニズムで必然的に起こされているのかもしれないのです。

世の中にはその秘密の力の存在を知り、使いこなすことができる人が存在し、能力をフル活用して自在に人生をつくりあげているとしたらどうでしょうか？

彼ら成功を引き寄せた人たちは、私たちにこのことを教えようとずっと言い続けているのです。

それが先ほどの「引き寄せの法則」だったり、「思いは実現する」や「【潜在意識】

を活用しなさい」といった言葉に置き換えられているに違いありません。

要は、「【潜在意識】にアクセスできる可能性」こそが、私たちの人生を激変させるエッセンスになっているのです。

あなたの「考え」は何がつくったの？

抽象的な話になりますが、私たちは自分なりの「考え」を持っています。

その考えは、いったいどこからどうやって生まれたのか、あなたは考えたことがありますか？

親からの受け売り？

先生の教え？

本からの影響？

確かに私たちは様々なものから情報を得て考えの基礎を生んでいるのかもしれませんが、選んで受け入れつくりあげるのはあなた自身です。

突然ですが「今日1日で、私に何でもいいから質問を5万個用意してください」と依頼されたら、あなたはできるでしょうか。

「そんなの無理！」ですよね。5秒で1個質問をつくっても1日で2万個にも届きません。

でも本当は……あなたはやっているのです。しかもずっと毎日!!

そうです!!

私たちは1日に5万個も自分に質問をし、それに対して自分で答えていて、その答えのことを実は「考え」というのです。

さらに私たちは、これら質問に対して自分で答えを出しています。

自分の質問に対する自分の答え……これが【あなたの考え】の正体です。

【自分への質問】

「人は、その人が考えているそのものである」という有名な言葉があります。

これは私なりの言葉に置き換えると、**「人とは、その人が自分に質問して自分で答えているそのものである」**と言えます。

たとえばＭＬＭであれば、こんなことを自問するかもしれません。

「どうしてみんな断るんだろう?」
「どうしてみんな動かないんだろう?」
「どうして伸びないんだろう?」

そんな質問に対して【潜在意識】はこんな答えを返します。

「なぜならあなたは伝わらない話し方をするから」
「なぜならあなたは相手をワクワクさせるのが下手だから」
「やはりこのビジネスは難しいんじゃないか?」

まるで【潜在意識】に「自分がどれくらいできないヤツなのかを教えてくれ」と問

いかけるようなものですよね。

ご主人に忠実な【潜在意識】は必死になって、あなたが「なぜダメなのか」の理由を探してきてくれます。

私たちはこれら【潜在意識】の回答を「自分の考え」として受け入れてしまいます。

これを1日何万回も繰り返していたら、心はボロボロになってしまうでしょう。

ですから、自分の考えを一新して**成功をつかみたいのであれば、【質問の質】を変えること**から始めないといけません。

たとえばこんな質問です。

「サインする確率が増えるには？」

「動くようになるアイデアってないだろうか？」

「グループを伸ばすために何ができるのかな？」

これら質問に【潜在意識】はこう答えてくれるはずです。

「もっとニーズを引き出すようにしたらどうかな」

「もう一度会って【目標】設定したらどうだろう」

「やはり自分が新規をつくってみせることかな」


先ほどとは違う温度感の答えになっていますよね？

成功者は、自分に対する質問が違っています。

結果が出ていない人はいろいろ聞いてみると、驚くことに「どんなに私がダメか」の質問ばかり【潜在意識】へ投げかけているのです。

現状がうまくいっていない人は、【意識】して質問の質を変えていく必要がありますが、これには、強烈なテクニックがあります。

本書の最後にも詳しく書いていますが、それは**「絶対に達成する！」と決断することです。**

乗船した船がもし沈没しそうなとき、「なんでこんな目に遭うんだろう」とは考えないでしょう？

当然「生きてみせる」と決めているでしょうから、「どうやって逃げよう」としか思わないでしょう。

人は本当に決めていたら、何が起きようとも「じゃ、どうやって達成しようか」の発想しか持たなくなります。

実はこれが成功するための**最強のテクニック【決断】の力なのです。**

【潜在意識】が持つ強大で恐ろしいパワー

切り口を変えて、健康面から【潜在意識】に迫っていきます。

医学の発展は目を見張るものがあり、平均寿命はどんどん延びています。単なる発展というよりも、革命的な新技術――たとえばマイクロチップを体に入れてホルモンやインシュリンの調節をするとか、悪い臓器を拒絶反応のない自分の細胞で新しくつくり換えるとか――そういった技術が躍進し、近い将来実現できるところまで来ました。

平均寿命が１００歳なんて時代も夢ではありません。人類初の１５０歳まで生きる人間は、この地球上にすでに生まれていると言われるくらいです。

しかしそんな医学の発展とは裏腹に、**メンタルの無知によって健康状態を悪化させている人がいるとしたら、あまりにももったいない**話ですよね。

人間の健康状態はメンタル面で大きく左右されると言われています。長寿大国として名高い日本ですが、一方で考え方により、早くに命を落とす人も少なくありません。

メンタル面での無知が健康を大きく害してしまったら……夢を成し遂げる以前の問題です。

そんなことにならないように、これから述べる【潜在意識】の特性を知っておき、長く健康で成功へ向けて走れる心身共に優れた自分を手に入れましょう。

【意識】は心のスクリーンに映し出された絵だとご説明しました。

この映し出された絵は、あなた自身が忘れてしまったとしても、【潜在意識】の中では強く残っていきます。

そして、これは【潜在意識】の大きな特徴なのですが、**実は【潜在意識】に主語を**

判別する機能はなく、すべてあなた自身のこととしてとらえてしまうのです。

ゴルフでライバルのパットを「入るな、入るな！」と念ずる人は、必ず自分も外すことは、プロの間で常識なのだそうです。意味はわかりますよネ？

健康面でも、癌を患う人には、許せない感情や怒り、誰かに対する憎しみの感情を持った人が多いと言われています。

もうおわかりだと思いますが、**【潜在意識】は主語を持たないので、「許せない」「憎い」といった感情を、あたかも自分が対象であるかのように認識します。**

人の悪口を言う人もよく病気になります。

【潜在意識】からしてみれば、自分の悪口を言っているのと同じ現象なのです。

【潜在意識】の力は【意識】の2万倍と言われていますが、間違って2万倍の力でマイナスイメージを実現されたらたまりません。考えただけでゾッとします（笑）。

【潜在意識】について様々な角度から考察したジョセフ・マーフィーの著作の中では、【潜在意識】の力で病気を治した話や、逆に病気になった話がたくさん出てきます。

彼は【潜在意識】のことを「偉大なる宇宙の真理」と呼び、このように例えてもいます。


「時計を分解できた人は時計を組み立てられるように、病気は自分がつくったものなので治せないはずはないのです」

なるほどなーと思います。


人の悪口で思い出すのは、ブログや掲示板で中傷記事を書く人です。

思わず「お体にお気をつけください」と声をかけたくなります。

しかし、この事実を逆に使えば、新しい健康法ができませんか？ そうです、**【潜在意識】を利用した新しい健康法です！（笑）**

人を褒めちぎってあげましょう。

よく笑い、ワクワクし続けましょう。

人を許し、愛しましょう！

もちろんこれから得られる結果は健康だけではありません。

社会での成功も、人を褒めたり愛したりすることから始まるのです。

いつも笑っている人って、自然と幸せが寄ってくる印象がありますよね。病気とも縁がなかったりします。


自然とやれている人もいるでしょうが、改めて【潜在意識】のメカニズムを理解した上で、より効果的に実践していきましょう。

【セレンディピティ】

【セレンディピティ】という言葉を聞いたことがあるでしょうか。『人生を変える見えないボタンの見つけ方』でも書いたこの重要な用語、関連書籍が多数出ていますし、映画のタイトルにも使われていますし、ノーベル賞受賞者の会話にも必ずと言っていいほど登場するそうです。

【セレンディピティ】とは要するに、努力を続けていると、あるときひょんなことから新発見をしてしまうといった、「偶然の発見」のことを言います。

『セレンディップと3人の王子』という童話にちなんだ造語です。王子たちが彼らの知恵とひょんな偶然から、幸せを見つける物語ですが、これをモチーフに、作家ホレス・ウォルポールは友人宛の手紙にて、自身の発見について【セレンディピティ】という言葉を生み出し用いました。

ノーベル賞受賞者が多用する言葉というと、すごい人にしか起きないようにも感じますが、実は【セレンディピティ】は、私たちが気づかないだけで意外と頻繁にやって来ます。

よく「えっと、ほら、あれなんだっけ?」みたいに、喉元まで出かかっているのに思い出せないことが、時間を置いて前ぶれなくふっと思い出されるという経験を、あなたも何度かしたことがあるはずです。

あれも小さな【セレンディピティ】です。

なぜあんな経験が起こるかというと、自分自身は【意識】しなくても、【潜在意識】

が思い出そうと懸命に探してくれているのだそうです。

この例は何かを思い出すだけの軽いものですが、もっと大きな、人生を変えるほどの【セレンディピティ】もあり、それには重要な共通項があります。

それは、準備ができたところにしかやって来ないということです。

ノーベル物理学賞を受賞した小柴昌俊教授は、岐阜県神岡鉱山跡の地下1000メートルに、カミオカンデと呼ばれる巨大な装置をつくり、ニュートリノという素粒子を検出する実験を行いました。

来る日も来る日も実験を重ねた結果、定年退職のおよそ1カ月前に、16万光年離れた星雲から届いたわずか11個のニュートリノを、検出することに成功することができました。

ノーベル賞受賞の会見で教授は、自らの幸運についてこう話しています。

「幸運だ、幸運だと言うけれどそれは違う。幸運はちゃんとみんなのところに降り注いでいたではないか。それをとらえるかとらえないかは、ちゃんと準備をしていたか、していなかったかの差ではないか」

本当に、教授のおっしゃる通りだと思います。

【セレンディピティ】は誰にも等しく起きていることなのです。しかし**多くの人は準備ができていなかったため、気づかないまま通り過ぎてしまっているだけです。**

結果が実っていないということは、【セレンディピティ】を逃したことすら気づいていないわけですが……。

こんな後悔はありませんか。

人と出会っていく中で、もしビジネスのスキルがあればその場ですぐ話せて発展させることができたのに、自分にその準備がなかったため、話すタイミングを逃してしまったというような出来事……。

準備さえあれば、つかめたはずのチャンスが、あなたの知らないうちにたくさん訪れていたかもしれません。

経営コンサルタントで税理士の岡本吏郎さんの名著『成功はどこからやってくるのか？』（フォレスト出版）の中で登場する「あいつ」も、【セレンディピティ】のことを指しています。

本書内ではこう表現されていました。

「あいつは同じことを黙々と、愚直にやり続けているときに、横からフッとやってくる」

やはり成功の神様というものは、準備や【大量行動】を行っている人のところにしか降臨しないということです。

第3章

成功するＭＬＭメソッド
～個人の動き方～

あなたは四つのどのパターン？

ここからはいよいよＭＬＭの具体的な話を進めていきます。

前著『パーフェクトドリーム』では、初心者に向けての基本的な動き方、半永久的に使用できるＭＬＭの真髄について書きました。

本著ではさらに突っ込んだ部分を解説しています。また前著から数年が経ち、私の中でさらに新しいＭＬＭメソッドが編み出されてきたのも事実です。

世の中が変化していく中で、やり方も変化させるべきものがあると思います。

そのあたりを補完していくのも、本著の、特に本章と次章の役割です。

本章では「個人の動き方」にフォーカスして、あなただけのオーダーメイド哲学をお伝えします。

まずは診断から開始します。

私はこれまでたくさんのＭＬＭにチャレンジする人たちと出会ってきました。

そして彼らはメンタルマネジメント的に大きく四つのカテゴリに診断されることを知ったのです。

その四つとは、

【初心者】

【やっているのにうまくいかない人】

【決めてないベテラン】

【やったらすごいぞおじさん】


です。


あなたが今、四つのどれにカテゴライズされるのか、読みながら考えてみてください。

ここで、気をつけてほしい点を一つ！

この診断は自分でしないほうがいいかもしれません。

できればアップラインと相談しながら決めてください。

本当は【初心者】なのに【やってるのにうまくいかない人】と自己診断する人がいますので、周りの意見も集めてみましょう。

意外と違っているものですよ。

その1【初心者】

新しいことを習い始めたばかりの状態を思い浮かべてください。

楽器やスポーツ、なんでもかまいませんが、ここではピアノとしましょう。

始めたてのうちは、うまくなりたいという【意識】レベルでの【願望】はありますが、練習という【大量行動】による【潜在意識】領域が圧倒的に足りないので、譜面と鍵盤を見比べながらおっかなびっくりで弾き始めることでしょう。

【セルフイメージ】では自分のことを正真正銘の【初心者】に設定しているので、もちろんうまく弾けるイメージすら持っていません。

【初心者】は【意識】だけが大きい

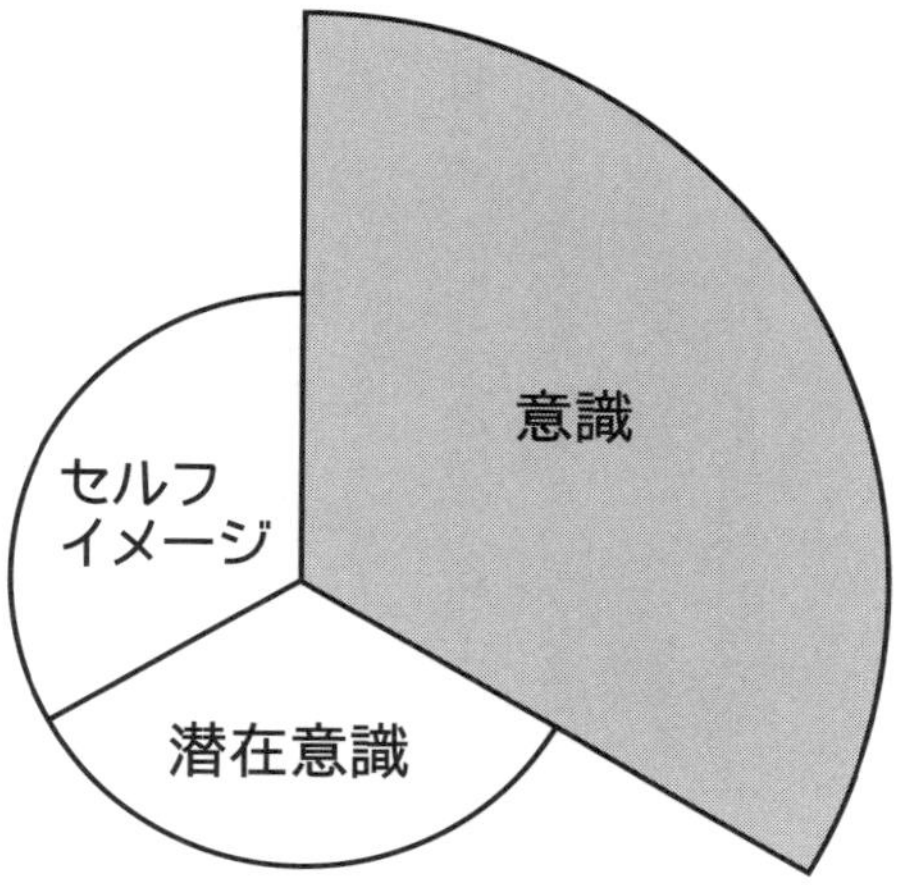

ＭＬＭをしている人も、当然ながら圧倒的に【初心者】に属する人が多いはずです。まず勉強するなら、私の前著『パーフェクトドリーム』は入門書としておすすめです（笑）。

そしてＯＳ（オポチュニティセミナーの略、以下セミナーと統一します）に**最低５回は**出てビジネスの再確認もしておきましょう。

【願望】が強いことが【初心者】の強みですが、いかんせんとにかく量が足りていません。

たくさん断られてもいいですから、ビジネスに慣れること。

小さな目標でいいので、達成感をいくつも重ねて、【セルフイメージ】を少しずつ上げていきましょう。

収入面ではまずは3～5万円を目指してみてはいかがでしょうか。

【初心者】がいちばん気をつけなければいけないのは、「やったりやらなかったりする」ことです。

ピアノを１カ月のうち30分だけ練習しても上達しませんよね？

「20人断られて肩ならし！」くらいの気持ちで、まずは一気にやりきってしまうスピード感を持ってください。

ただ、何の理解もなく、断られすぎて、それが当たり前となっても困るので、ズレた感覚を取り戻すため、セミナーには何度も出ましょう。

「そうだよな、このビジネスは普通するよな～」という感覚を呼び戻してください。

セミナーについては後でも述べますが、落ちたやる気を戻すのに必須のものです！

【初心者】には「ビギナーズ・ラック」という武器があります。

ほかのゾーンにはない「とにかくすごいのよ!!」という「キラキラ光線」を【初心者】は思いきり発しています。

ということは【初心者】ゾーンにいながらキラキラ光線を発していない人は……はっきり言って最悪です。

そうならないよう、ワクワクした状態をキープしましょう。

キラキラ光線を駆使してつながった人を、熟練のアップに会わせるという流れが最も成功しやすいでしょう。

その2【やっているのにうまくいかない人】

経験豊富、【大量行動】もすませ、【意識】も成功したいと願っていますが、【セルフイメージ】が小さく、心のどこかで「まだまだ自分は……」と思ってしまっている。

こういう人たちが【やっているのにうまくいかない人】。

アドバイスは**「まずメンタルで自分の成功に対し許可を出してください」**ですね。

コロンビア大学と化粧品メーカーとが共同で行った実験があります。

ビューティーパッチという特殊な成分で、２週間で見違えるように美しくなる化粧品を試し、毎日動画で報告をするというシンプルなものです。

実験は容姿に【自信】のなかった人がどんどん綺麗になっていくという、素晴らしい結果でした。

【やっているのにうまくいかない人】は【セルフイメージ】が小さい

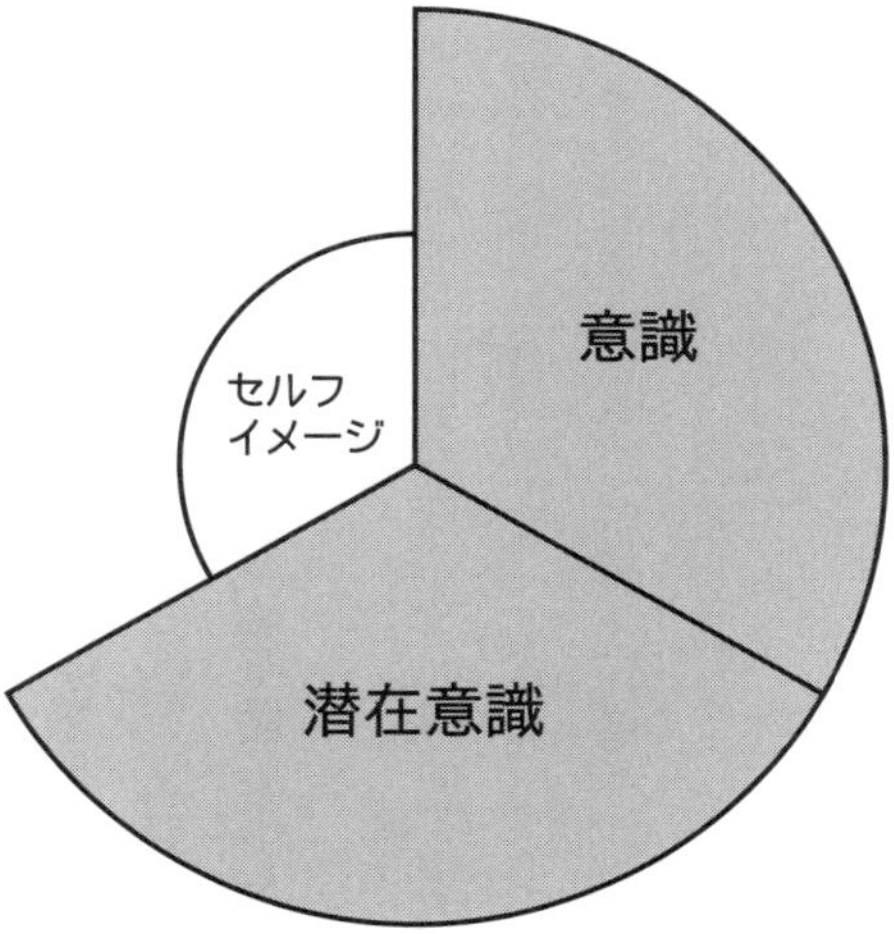

ただ、この実験にはオチがあります。

なんとビューティーパッチには美容成分なんて一切含まれていなかったのです！

「この化粧品さえあれば美しくなれるんだ！」

という【自信】が、容姿を変えたというわけですね。

人は自分に【自信】が持てると、見違えるほど変われるのです。

現実において【自信】となる素材は、髪型を新しくしたり、服装を変えたり、たくさん挙げることができます。

まずは表面からでいいので、自分を変えて【自信】をつけてみてください。


【やっているのにうまくいかない人】は経験豊富という定義ですが、実際どのくらいの期間ＭＬＭを実践しているでしょうか。

今一度、振り返ってみてください。

ひょっとして無駄に時間を過ごしていたりはしませんか？

経験年数としては3年、でも実際に作業をギュッと凝縮させると3カ月ほどとか？

最初はよく動いたけれど、後はセミナーに参加していただけで、無為に過ごした時間が多々ある……そんな状況なら、実はスキルは【初心者】に近いレベルかもしれません。

ただ、セミナーに出た時間が長い分、ＭＬＭの知識や製品の情報はたくさん持っていることでしょう。

それは強みなので、**発想を変えて、今から【生まれ変わった初心者】だと思ってください。**

「ラッキーなことに情報やスキルだけはすごいものを持っている、【初心者】の私！」

という【セルフイメージ】に塗り替えるのです。

【やっているのにうまくいかない人】は、セルフイメージが「そこそこの私」に定着してしまっている感があります。

【セルフイメージ】のところでも述べましたが、それを打ち破るための「こんなに動いている私」をつくりあげましょう。

もっとはっきり言えば、「これだけ動いているのに成果が出ないのはおかしい！」と思えるくらい動く。

長くやっているという【セルフイメージ】を払拭するために、一からやり直しているという環境をつくること、俗に言う新鮮さも、ときには必要なのです。

当然このときに大量行動が必要です。

その3【決めてないベテラン】

実力はベテランの域。

経験と実績は豊か、トレーニングもできて、いい【セルフイメージ】も持っているのですが、自分のやることに【意識】を集中させていないのが【決めてないベテラン】。

「決めてない」というのは、【目標】を持ってないということ。

【決めてないベテラン】には、集中力をかき立てるための高い【目標】設定が必要になります。

「【目標】を決めるべきなのはわかっている」と頭で理解はしているのですが、それを過去の経験から設定しようとするから、既成概念が邪魔をします。

【決めてないベテラン】は【意識】が小さい

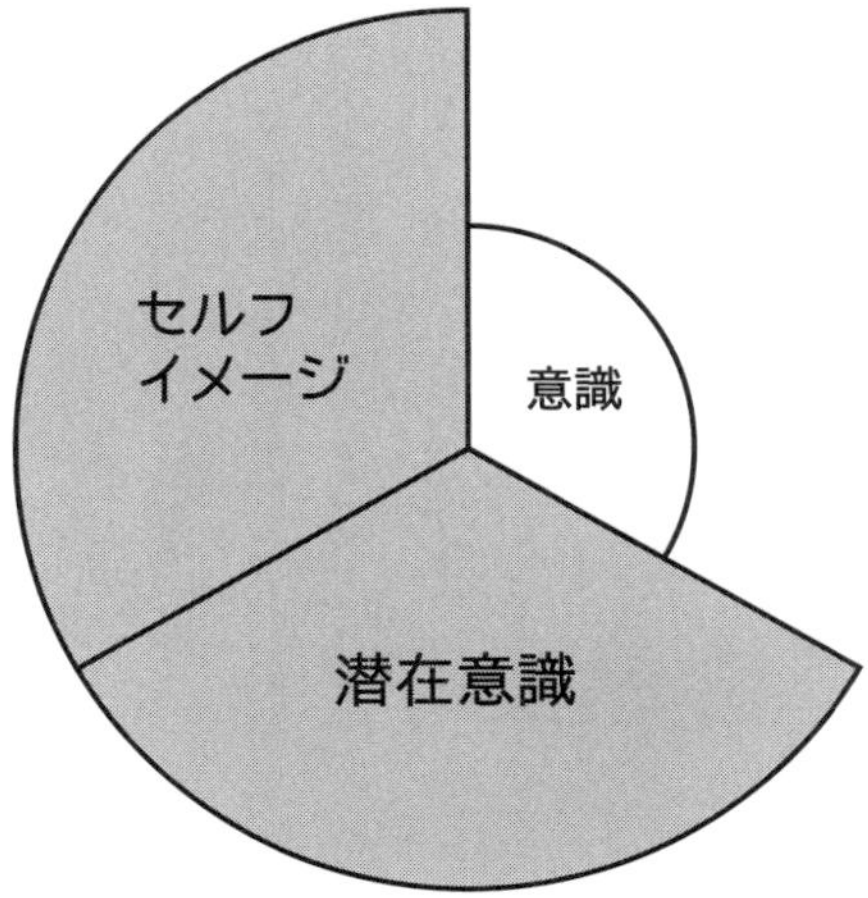

ここを脱出するには**もう一度夢マップを実際に書き、必要とあらば映画を観たり、本を読んだりして、感動の力を借りながら成功のイメージを鮮明に持つようにしましょう。**

決めるためには何かにコミットせざるを得ない状況を自分で設定すること。

さらにそれを公言して、後に引けないところにまで追い込めたら最高です。

「あの人が本気になったよ！」とみんなからささやかれ始めるイメージで！

私だったらこんなとき、開催を強制的に入れたり、外部のセミナーでコミットする環境に強制的に自分を導きます。

「今までのグループじゃなく、今日からつくる新しいグループで成功してみせるぞ」といった心機一転の気持ちで行動に出るでしょう。

【決めてないベテラン】には、今まで潜在意識に溜め込むだけ溜め込んで使われていない能力がたくさんあります。

決断することで、新しい発想が浮かんだり、まったく予期せぬところから新規を開拓できたりします。

30年この業界にいて、そこそこ成果も出してきている私が陥りやすいのも、明らかにこのゾーンです。

陥ってしまったらこんなストーリーをわざとつくってイメージします。

「かつて成功したけど、すべてをなくした男が、愛する人のため、プライドも何もかもかなぐり捨て、同じ年代の男がしないはずの泥を舐めるような行為を繰り返しながら、再び頂点に返り咲く」

恥ずかしいけど、マジです（笑）。何だか映画の主人公になったようなイメージです。

これだと、わざとつらいことを楽しめそうじゃありません？

30年もやっていると、ワクワクを取り戻すのにいちばん注意を払います。

その4【やったらすごいぞおじさん】

おじさんとは限りませんが、要は自信過剰のうぬぼれ屋です。

【セルフイメージ】だけが肥大で、練習もしていないし決めてもいない状態の人。

「おれがやったらすごいよ！」みたいなことを言う人。

ドキッとしてしまったら、あなたはこのゾーンかもしれません。

正直に受け止めましょう。

過去30年出会ってきた中で、こんな人が成功するのを見たことがありません。

本当にすごいなら成果を出してください、と言いたくなりますよね。


【やったらすごいぞおじさん】は努力をしません。

その昔努力したことはあるのかもしれませんが、その経験をずっと過去の勲章にして、今まで生きているのかもしれません。

【目標】を設定しないし、新しい知識も積みません。

ただ、知ったかぶりはします。


こんな風に書くと最低な人に見えますが……。

【やったらすごいぞおじさん】は【セルフイメージ】だけが大きい

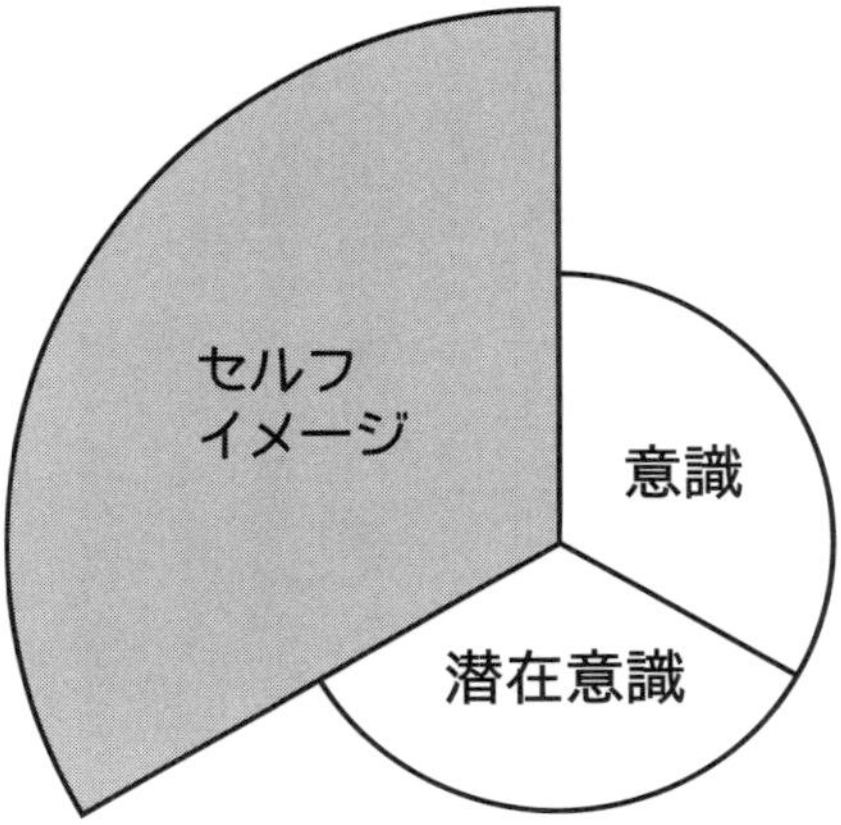

ただ見方を変えると、これほどまでの考え方の楽観度合いは、普通の人がやろうと思ってもなかなかできないものを持っています。

しかも、「やったらすごいんだ」と知っていることは財産です。

それだけの過去の成功体験はそうそう持てるものではありませんから。

【やったらすごいぞおじさん】は持ち前の【セルフイメージ】でまずは動き、**思ったようにできないかっこ悪い状況を味わいましょう。**

それはおそらくあなたらしくないことなのでしょうから、**本当のプライドがあるなら、泥を舐めるような下積みを覚悟することです。**

でも本当は、それがかっこいいことを知っているはずです。

うまくいかないことも映画のワンシーンのようにかっこいいと思えるようになり、さらに頑張れる気になります。

やっていくうちに本気になってくるはず。

四つのカテゴリ診断をしましたが、彼らにはそれぞれ何かしらの欠けているものが

【トライアード状態】を目指そう

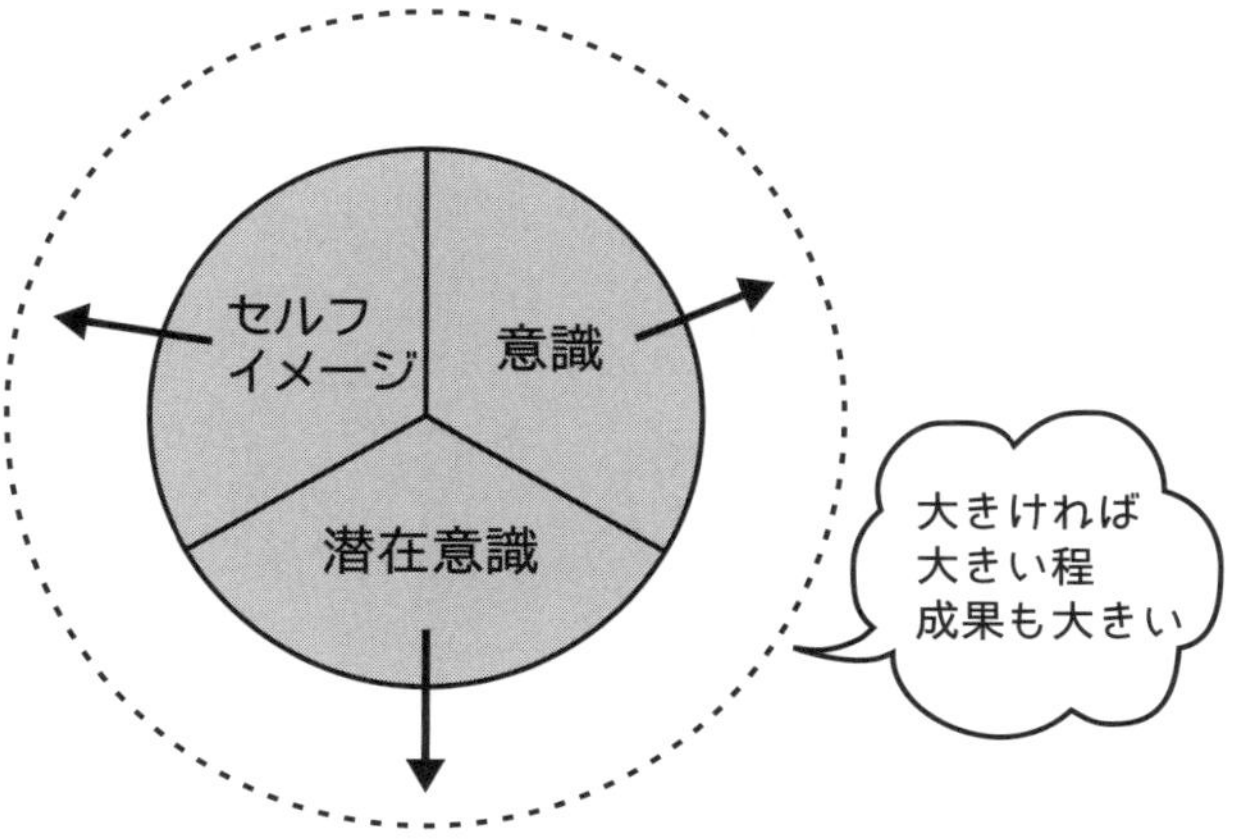

あります。基本の知識不足だったり、【セルフイメージ】が足りなかったり、【目標】や【願望】の設定がズレていたり。

【意識】【潜在意識】【セルフイメージ】がバランスよく協調している状態を【トライアード状態】と言います（前ページの図参照）。意識は目標達成をしっかり見ながら、潜在意識は大量行動でスムーズに動き、引き寄せも呼びながら、セルフイメージでは、成功するのが心から私らしいと思っている状態です。最高ですよね〜。

この状態に持っていくことができれば、必ず成功できます。

そして三つの要素が大きくなればなるほど、あなたの成功の「スケール」が大きくなるわけです。

セミナーに出る

さて、やる気のもとになる感情に火をつけるには、セミナーに出ることが一番!!。

これは鉄則です！

実際、セミナーに出ない人が多くて私は愕然としています。

セミナーは一度だけ参加すればいいものではありません。

一度聞いただけで完全理解をする人がいたら、その人はきっと天才です。


あなたに好きな曲はありますか？

その曲は何回聴いて好きになりました？

きっと1回目は「ふーん」くらいが3回目・5回目から「いい曲だなー」と思ったでしょう？　ましてや1回聴いただけで歌える人はほとんどいないでしょう。

セミナーに誘うと「前と同じ話でしょ？」と言って断ったり、聞いた後に「この前と同じ内容だった」と感想を言う人がいます。

もちろん、同じビジネスだからまったく違う内容ではありませんが、それを**二度目も同じに「感じる」のは、感性が悪すぎます。**

……というか、話のスタートだけ耳を傾け、「同じ話だ」と決めつけているだけ。

内容をちゃんと聞いていない証拠です。

理解だけでもこうなのに、1回のセミナーで「伝えられるようになりたい」と考えるのは勘違いも甚だしいと言わざるを得ません。
まずは理解するためにも**5回はセミナーに参加**しましょう。

「じゃ、理解できたらいいの？」

と思う人もいるでしょう。

昔からセミナーはガソリンスタンドと言われています。

私たちの仕事は「こんなにすごいビジネスだよ！」という「情熱を伝える」仕事ですが、別の表現でいうと**「無理解の人に理解させ」**たり**「無理解の人の中から理解する人を見つけていく」仕事**です。

どちらにしても「無理解の人」に会う仕事なので、エネルギーを大量に消耗し、ガス欠になってしまうのです。


その燃料を補給してくれるガソリンスタンドがセミナーです。

また、多くの**「無理解の人」に会っていくうちにズレてしまう**人もいます。

「ズレる」とはどういうことかというと、ＭＬＭで夢を叶えるという、私たちが本来持つべき感性からズレてしまっていることを意味します。

たとえば、整体で体がよくなった時に初めてズレてたことに気づくように、**ズレてる人は自分のズレに気づかないのが特徴**です。

そのズレに気づかせてくれるのがセミナーです。

ガソリンを入れるとかズレが修正されるというのは、**セミナーを聞いて「やっぱりこのビジネスってすごいよな！」というのを、新情報や感性で再確認することです。**

久々にセミナーに出たほとんどの人が「やっぱりセミナーに出ないといけませんね！」とリフレッシュした顔で言います。

その言葉を聞くたび、心の中で私は「だからずっと言ってるじゃん！」とつぶやいています（笑）。

たまに「私はズレてない」と言う人がいますが、その言葉を発すること自体がすでにズレてます！

ダライ・ラマ3世にある人が尋ねたそうです。

「どうしたら悟れます?」

ダライ・ラマ3世はこう答えました。

「ズレを修正し続けること」

ダライ・ラマもズレるんですよ!(笑)

そもそもズレてない人は、この世にいないと思ったほうがいいです。

歩くという行為は体重移動でバランスを崩す(ズレる)ことで、前に進みます。

成長するということは、バランスをいったん崩し、それを修正し続ける作業。

ということは「私はズレていない」と言った時点で、学びもなくなり成長が止まることに等しいわけです。

ただ当然ですが、セミナーに出ただけでは成果は上がりません。

新規がいないのにセミナーばかり出て動いた気になってもダメです。

また矛盾するようですが、「新規がいないから」とセミナーに出なくなってしまうのも残念なパターン。

新規がいなくても……いや、新規がいないこと自体がエネルギー不足によるものなので、補給のためにセミナーに顔を出してください。

じゃ、結局どうすればいいのか？　と聞きたくなるでしょう。**毎回新規を動員して出席するのが一番ですが、いなくても月に1回は出るくらいのペースが理想**でしょう。

製品やプランの正しい伝え方

ＭＬＭにおいて製品のことを知るのはたいへん重要です。ただ注意しなければいけないのは、「自分が製品に確信を持つこと」と「製品を欲しいと思わせること」は微妙に違うということです。

確信を持つには様々な角度から製品のことを勉強して、理論的にもなぜ良いのかを知ることが大切です。

対して欲しいと思わせるには「いかに自分が気に入っているか」を伝えられる力が必要となってきます。

美味しいラーメンを人にすすめるとき、スープがどんなに凝っているかとか、麺がどれだけ特殊かを説明するより、「あまりの美味さに、恥ずかしいけど生まれて初めて2杯目を頼んじゃったよ」とか「食べた瞬間、今までのラーメンは何だったのというくらいの衝撃が走った」みたいな表現のほうがインパクトありますよね。

要は**「商品の特徴を伝える」**と**「商品を欲しいと思わせる」**は違うということです。「伝える力」と言うと難しくとらえる人がいますが、**製品のことを伝えるのが上手な人のしゃべり方をコピーするのが一番です。真似するだけで転写されますから‼**

プランの伝え方についてもお話ししておきましょう。

ビジネスをするからには、自分の会社のプランの「何がすごいか」は話せて当然のはずですが、意外と言えない人が多いものです。

よくこんな話をします。

「成功者はプランが話せるのは当たり前だと思うでしょうが、成功したから話せるようになったと思いますか？　それとも、話せたから成功したと思いますか？」

多くの人が、後者の「話せたから成功した」と答えます。

そして私はさらにこう質問するのです。

「なるほど。で、あなたは成功したいんだよね？　今プラン話せる？」

「いいえ……」

そんな方にこう言います。

「あなたは成功するためにはプランが話せないといけないということを知っている。なのに、今話せないということは、自分の【意識】でアクセルを吹かしながら、同時に力持ちの【潜在意識】がブレーキも思いっきり踏んでいる状態だってわかる？」

ほとんどの人がこれでわかってくれます（笑）。

ただ、これも「プランを完璧に話せること」と「プランのここがすごい！」と伝えることは後者が大切なこともわかってくださいね。

製品が先か、ビジネスが先か

ビジネスを相手に伝える際、注意したいことがあります。

それは「製品からすすめてしまうと失敗しやすい」という原則です。

例を挙げてご説明します。

あなたが後輩のAさんに製品をすすめたところ、いい雰囲気で話が進み、製品も気に入ってくれたとします。

「いいものを教えてくれてありがとう」とまで言われたあなたは、嬉しさのあまり、「Aさん、ビジネスとしても考えてみない？」と話を持ちかけます。

するとAさんの態度が一変、「それは結構です」ときっぱり断られてしまいました。

実はこれMLMではよくある光景なのですが、いったい何が起きたと思いますか？

Aさんの立場になって考えてみてください。Aさんにはきっと、あなたの提案はこう聞こえたのです。

「私があなたに製品をすすめたように、あなたも友だちに製品をすすめてみたら？」

Aさんは次のように思ったでしょう。

「買うのはいいけど、売るのは嫌かな……」

Aさんは、自分が友人にものをすすめる姿しか想像できなかったわけです。

「いい製品だよ」と製品の話から入る人は、このイメージを払拭できなくて、フロントは増えるものの、そこから大きくならずにマップが「ひまわり」とか「ウニ」になる人が多いのです。

私が30年やってきた一つの確信を持てる原則です。

ごく稀に、この方法で成功しているリーダーを見かけますが、その人の特別な魅力でうまくいっているか、ほとんどが「いいものなんだから売ればいいじゃない！」と腕っ節でねじ伏せるタイプの人が多いですね（失礼！）。

「だって製品がいいんだから、いいと言って何が悪いの？」

と言いたくなりますよね。

確かに製品のことをすすめるのは大切ですが、**「言いたいことと伝わることは必ずしも一緒ではない」**点を無視することはできません。

では、どうしたらいいのか。

たとえ話ですが、私がみんなをレストランに招待したとしましょう。

どんどんごちそうを出し、コースが終わったところで登場し、こう言います。

「実は、フランチャイズレストランを展開したいのです。先ほど召し上がっていただいたものが代表的なメニューになりますが、レストランメニューとしてヒットする味でしょうか？」

おそらくみんなの反応は「そんなことなら、先に言ってよ！」となるはずです。

では、食事の前に私が出てきて、フランチャイズレストランを展開する旨を伝え、食事を出したら。

みんな自分が審査員のような立場になって、一つ一つのメニューを吟味し、「これはイケるんじゃないか」「これはもう少し工夫が必要だ」と品評してくれるでしょう。

何を言いたいかというと、最初にビジネスの話が来れば、製品の良さは「武器（収入になりそうかどうか）」になりますが、最初に製品をすすめて、その後にビジネスの話を持ち込まれると、「友人に売る」というイメージがつきまとってしまうのです。

よくMLMを嫌っている人に出会うと、何が嫌だったか？　を聞くようにしています。最も多い理由は「製品がいいから！　と押しつけられた」です。多くの人は商品を売りつける仕事と思っているのです。

「じゃビジネスの話を先にすればいいんですね？」と極端に走ってしまうと、これまたつらくなる人がいますから要注意。

要は最初に、「あなたの夢が叶うんだよ、なぜならこの製品は大ヒットするから！

製品からすすめることの落とし穴

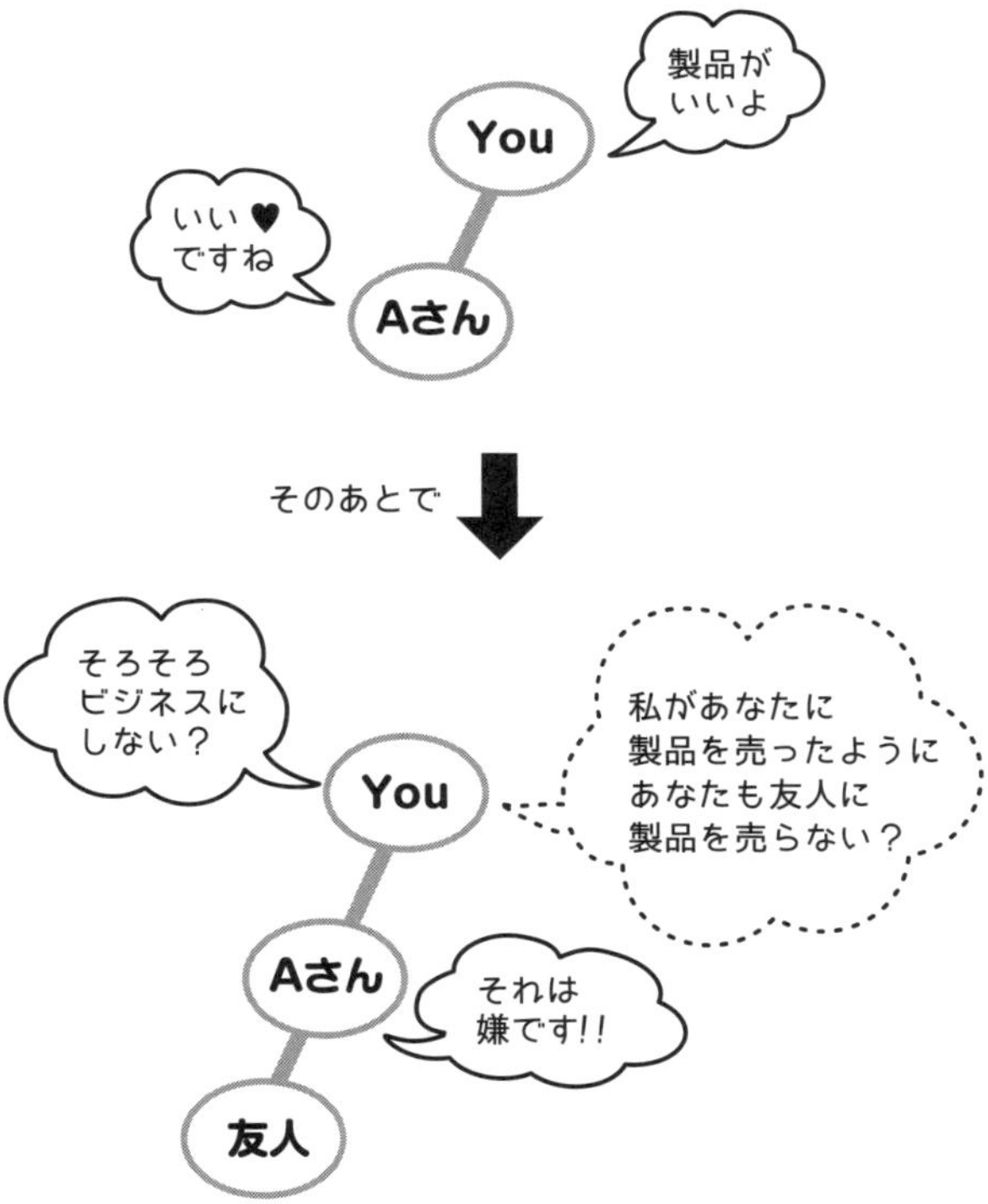

流行るものの権利を先に持っておくとすごいと思わない？」くらい前置きしておけばいいのです。

その後に、製品の話を存分にしゃべってください。それこそ1時間でも2時間でも(笑)。

聞けば聞くほど、あなたのビジネスの「すごい可能性」にスイッチが入ったままになりますから。

ただ、最新のソーシャルビジネスのような、製品のよさを伝えるだけのビジネスなら、もちろん製品の話を思う存分伝えてもいいのですよ。

断られるということ

ＭＬＭという仕事とは、断られることの意味を知ることがスタートです。

第2章で述べた通り、あなたがどれだけの情報を伝えようとも、相手に伝わるのは200万分134。

あなたが抱いているイメージと相手が受け取ったものとは、「チョイスしている部分」が違うというだけです。

断る人は、**価値観が違うのでなく、違うイメージを描いているだけ**です。

このことを知らない人は勘違いし、「自分は伝える力がない」「自分のことを否定された」と落ち込んでしまいます。

確かに相手は、言葉では「しない」とか「興味がない」と返事したかもしれませんが、むしろこれらの経験は、成長の途中で避けては通れない道です。

私の妻もＭＬＭをやっていますが、最初に聞いたときは「しない」と断ったそうです。ところが同じ話を二人目から聞いたときにサインして最高タイトルを獲りました。

しかし、どちらのときも最初から断ろうと思っていたそうです。

しかし二度目に伝えてくれた人が、ちょっとしつこそうだったから、「ちゃんと動画を見て、正当な断る理由を探そう」としているうち、ＭＬＭの可能性に気づいて、やり始めたのです。

こういったケースは山ほど見てきています。

事実、昔私が9人の成功者を出しタイトルを獲ったときは、9人中7人が3回目以降でサインした人です（もちろん訪問販売法があるので、ちゃんと法に触れないやり方で会わないといけませんが）。

そのときだけでもかなりの数、断られているのです。

断られるということは、そこから何かを学び成長につなげるチャンスです。

国語の授業であなたは、成功の反対を失敗と習ったかもしれません。

しかし大人になってみて、学校で習ったことと現実はかなり違うことが見えてきているはずです。

成功の反対は失敗ではありません。

行動を起こさないこと、つまり平凡が成功の反対語なのです！

では「断られる」という現象はいったいどこに属するかというと、「成長する」というゾーンに属しています。

断られることは成長すること

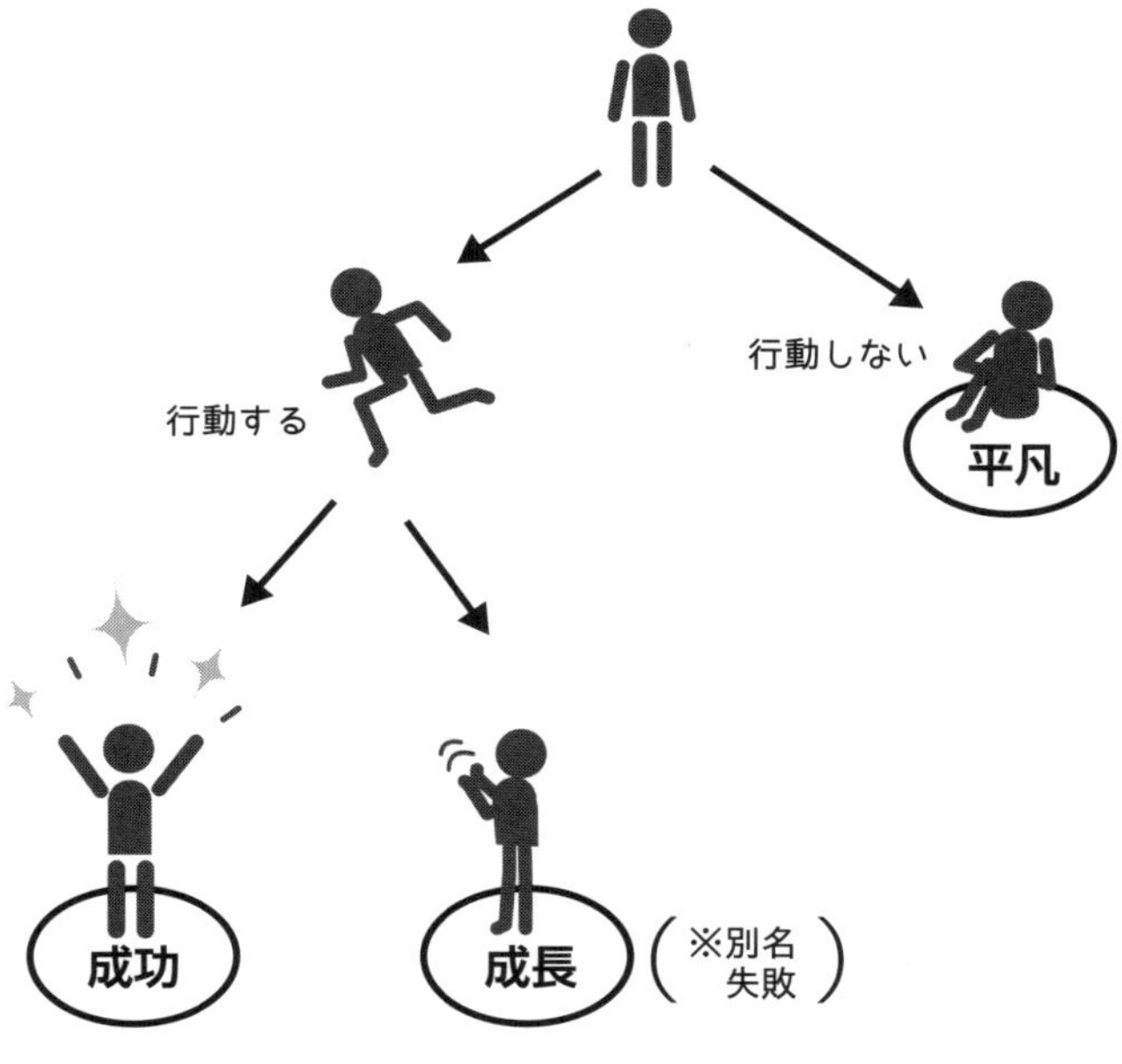

行動の結果には成功と失敗があるのではなくて、成功と成長しかありません。

唐突ですが、会社が破綻したときに挙げられる原因に「過去の成功例を模倣した」があります。

実は成功というのは後づけの結果であって、今から同じことをしても同じ成果が出るわけではありません。

その理由は、時代もタイミングも周りの状況も、刻一刻と変化し続けているからです。様々な要素が偶然重なって成功する例が多いということは、裏を返せば同じことをしても二度と同じ結果にはならないということ。**成功から学べることなんて実はほとんどありません。**

実は、失敗のほうが時代にも環境にも左右されない「真実」が隠されている場合が多いと言われています。

「失敗から学ぶ」とよく言いますが、まさにその通りなのですね。

いずれにしても動かないことには始まりません。

断られることを恐れず、失敗と思わず成長と思って、果敢に動き出しましょう。

【目標】で感情に火をつける

聞き飽きたかもしれませんが、やはりいちばん大切なものが【目標】です。

そしていちばん大切なものにもかかわらず、多くの人が勘違いしているものでもあります。

一般的には【目標】はどうとらえられているのでしょう。

上司から「今月の君の【目標】は？」と聞かれたとき、あなたの【感情】はいかがでしょう。

【目標】は「やらなくてはならないもの」「ノルマ」、もっとざっくり言うと**「つらいもの」**と思っている人が多いでしょう。

ところが、成功者に「あなたはなぜ成功したと思いますか？」とインタビューすれば、きっとこんな答えが返ってきます。

「【目標】があったから」

先ほどの「つらいもの」と合わせれば、成功者は次のような人ということになります。

「つらい【目標】を頑張ってやり遂げた人」。

つまり、結果を出せていない人は、【目標】を「つらいもの」と解釈し、成功者を「つらさを乗り越えた人」と思い込んでいるので「私は根性がないから」とか「意志が弱いから」と言って、自分には成功が程遠いと感じてしまうのです。

果たしてこれは本当でしょうか？

別につらいことを頑張るのが悪いことではありませんが、実のところ、成功した人は根性とか意志の力でつらいものを耐えて成功したというより、彼ら成功者は「ワクワクして頑張った」のです。

唐突ですが、私は片づけが不得意です（笑）。

家内から頻繁に「何とかしたら」とあきれられます。

しかしある日、新聞に「東京都の巨大地震の確率70％！」という記事を見つけました。地震が嫌いな私は、一気にブルーになって、不安なまま壁一面の書棚を揺らして

成功にはつらい【目標】が必要

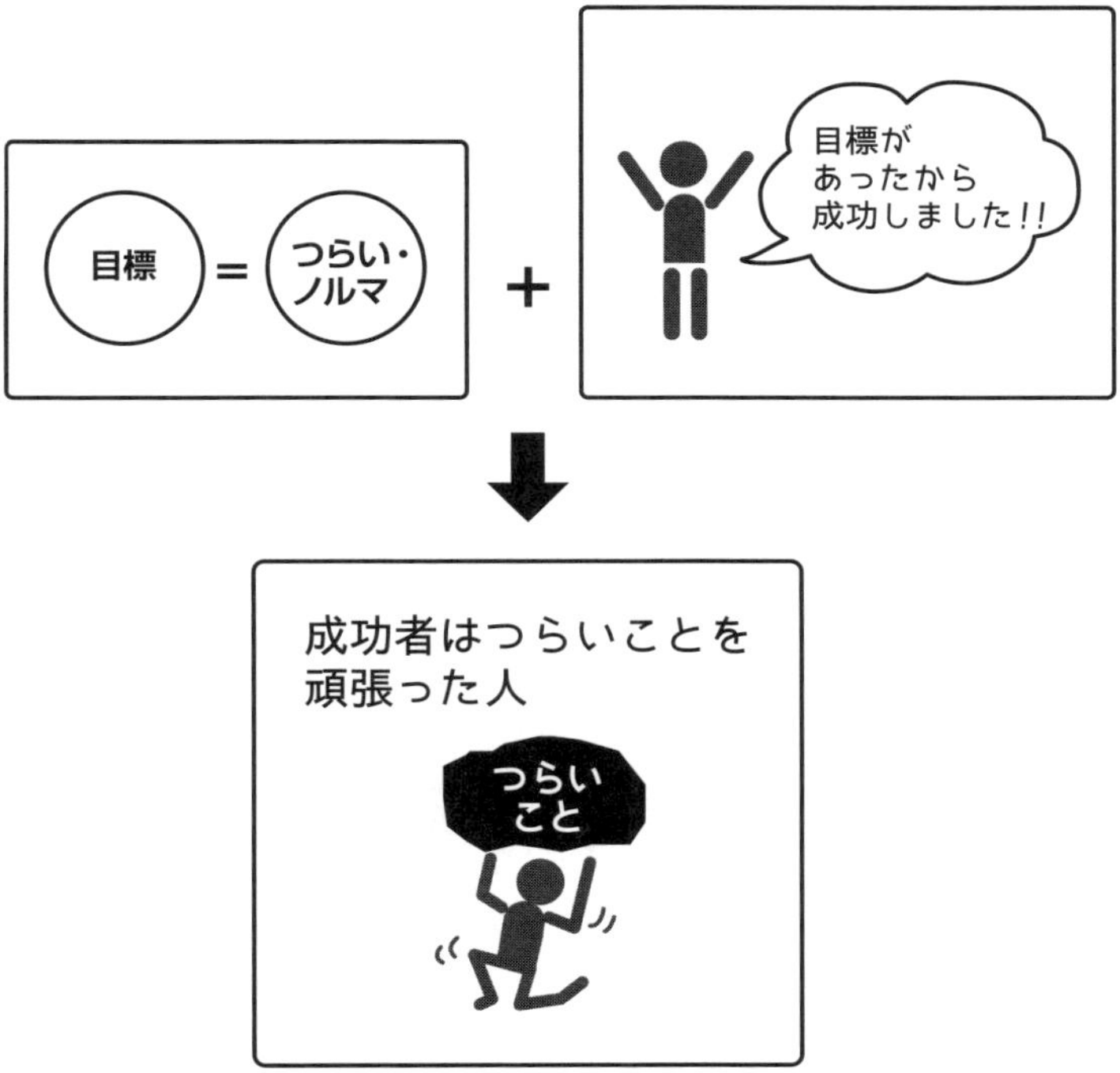

みると、めちゃくちゃ動きました。

「巨大地震が来たら間違いなく潰れて死ぬな……」

そう思った私は早速ネットでつっぱり棒を買って、隙間に突っ張って揺らしましたが……棒はあっさり外れてしまいました……。

さらに私はネットでいろいろ検索し、『ふんばりくん』なる地震対策用のジャッキのようなものを見つけて、書棚の隙間を埋めると今度はビクともしません。

「これで安心！」と思い、納得いくまで設定してたとき、家内に「寝ないの？　私はもう寝るね？」と言われて、間髪入れずこう答えました。

「もうちょっと片づけて寝るわ」

家内の驚いた顔がありました（笑）。


さて質問です。

私は急に寝る間も惜しんで片づけをする、きれい好き人間に変わったのでしょうか。

答えは「ＮＯ！」。

今でもきれいになっていませんし、片づけは「つらいもの」と思っています（汗）。

では私はなぜあのとき、片づけに熱中することができたのか。

「意味づけ」が変わったのです。

私の中で片づけの「意味づけ」が、「きれいな部屋づくり」から「安全な部屋づくり」へと変わっていたのです！

いったいこんな話が何を意味するのかというと、**成功者は【目標】を「達成しなければいけないもの」ではなくて「こんな【目標】達成したらかっこいいかな？」とか「みんなびっくりするに違いないな」といった、「ワクワクする【感情】に火がつく意味づけ」としてとらえていたのです。**

気分ややる気といった【感情】は、ビジネスの世界ではこれまで軽いものとして扱われてきました。

しかし**本来、人間というのはつまるところ【感情】で動く生き物です。極端な話、経済も戦争も【感情】で動いています。**

やる気の正体は「ビジネスをやる理由の意味づけ」から生まれる【感情】のことな

のです。やる理由があいまいな人は、まずは自己流でいいので夢マップを描いてください。

「夢が思いつきません」と言う人がいます。

だったら無理やり絞り出してください！

この仕事はあなたが社長です。

「なんかやる理由が見つからなくて」という社長の会社はどうなります？　社員としては「なんでもいいからとにかく決めてやる気出してよっ！」と言いたいでしょ？

【やる気をつくり出す】……それはこの仕事の最も重要な要素の一つです!!　それが嫌なら、やる気がなくても、言われたことだけやってれば給料がもらえる仕事に戻ったほうがいいかもしれませんよ。

どうしますか？

改めて、ＭＬＭにおけるあなたの役目を考えてください。

製品はすでにあります。システムもでき上がっています。資金調達も不要。あなたがやることといったら、**すごいものを「すごいっ！」と伝えるだけ**なんですよ！

これが難しいと言うなら、他のビジネスはどうなるんですか？

すごいものを「すごいっ！」と伝え、成果を上げることで成り立つＭＬＭは、メンタルがあなたの未来を握っています。

数値化と計画

計画を立てないことは失敗する計画を立てていると同じことだ

ピーター・ドラッカー

ワクワクする【目標】ができたら、次は数値化することを目指しましょう。

【目標】だけでは、方向が決まっただけです。

「アメリカに行く！」だけでは、何時発のどこ行きの航空券を買えばいいのかわかりません。

【目標】を【潜在意識】に落とし込んで、自然と達成してしまうような状態にまで持って行くためにははっきり数値化しておかないと始まりません。

数値化するのは「10年」「3年」「1年」「3カ月」、そして「今月」の【目標】です。

それぞれの期間で達成するべき目標をきちんと数値化してください。

人は1年でできることを過大評価し、10年でできることを過小評価する、と言われています。

毎日考えなくてもいいですが、10年のビジョンくらい持ったほうが【志】に近くなりますよね。

多くの人がただ目標の数字を時間で割って「1年後に月収100万円だから、まずは今月10万円！」みたいな安易な決め方をしますが、そんな計画で叶うのなら、そこらへん成功者だらけです。

10万円がダメなのではなく、こんな数字かなという安易さがダメなのです。

10万円という数字が本当にあなたに火をつけて、実際の行動が変わってこないと意味がありません。

ところでまさか……これを読んでいるあなたが今月の数値【目標】を決めていないなんて……そんなことあるわけないですよね？

と言いたいのですが、**実際は9割以上の方が今月の【目標】を決めていません。**

これはつまり逆から考えると、今月の【目標】を決めるだけでも上位1割に入るわけです！

さて次に、数値化された【目標】を達成するために具体的な行動計画を立てることになります。

計画の手順は140ページの通りです。

掲げた計画がいい計画か悪い計画かを測る基準は、数値化された計画を見ることでどんな感情が生まれるかです。

③今月のダウンの目標の数値とすべき動きを記入していきます

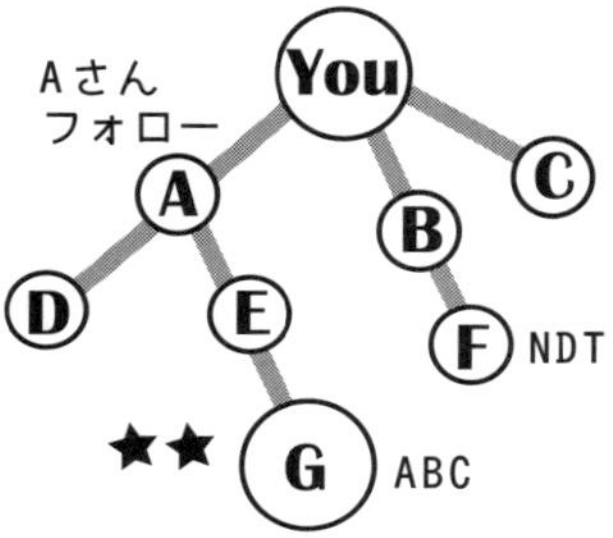

④やったほうがいい動きに優先順位をつけ、スケジューリングしていきます

1 Gさん ABC 打ち合わせ

2 Aさんと打ち合わせ

3 Fさんに NDT

4 Eさん宅ホームパーティ

etc.

行動計画の立て方

①長期計画、中期計画、今年の計画、今月の目標を立てます

年・月					
タイトル					
収　入					
マップ					
備　考					

②マップをまず書き、主要メンバーを書きます

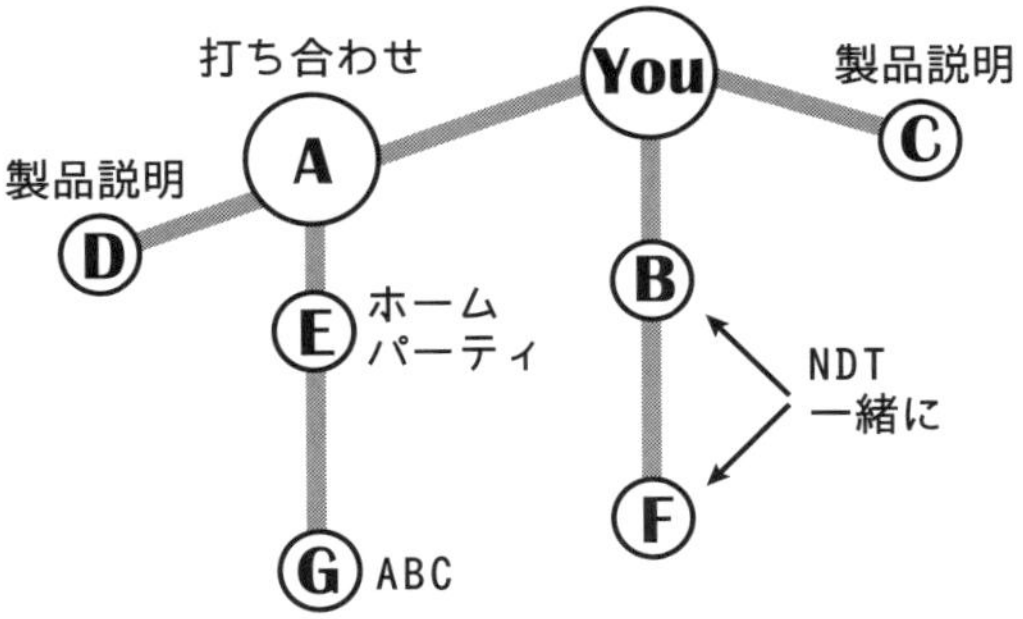

ワクワクして行動したくなるならいい計画、ため息をついて気持ちが重くなるならいくら立派な中身でも悪い計画です。

「つらいな」と思ったら、あなたの計画は間違っていると思って、すぐにワクワクできるものに変えなければいけません。

一貫して伝えておきますが、**【感情】に火がつくかどうかが決め手です。これだけは絶対に忘れてはいけません。**

すべての要素を強くする【決断】

我が家には様々な運動器具がありました。

ルームランナーは2台目、ロデオのようにサドルが動く器具から、自転車を漕ぐタイプのもの、椅子に座ってトレーニングする器具もあったり……。

買った理由はもちろん肉体改造。しかし今は使っていません。

それどころか処分しました……（笑）。

買うときはまさか捨てることなんか想像していませんでした。

私は【決断】して買ったのです。しかし今思うとあれは「買うことを【決断】しただけだったんだ」とも思います（笑）。

あなたにも似たような経験、ありませんか？


【決断】という言葉にはどうやら度合いがあるようです。

「ハワイに行きたい人」と「ハワイに行く人」は似て非なるものです。「英語をしゃべりたい人」と「英語をしゃべるようになる人」も、行動が違います。

「○○したい」と「○○する」。まったく違う部屋だと思ってください。

両者の世界は入るドアが違い、周りの壁は分厚く絶対に壊せません。なので、一度入ってしまってから隣へ移ろうと思ったら、一旦出て入り直さないといけません。

多くの人が勘違いしているのは、「○○したいという気持ちが強くなったら達成できる」と誤解していることです。

したい気持ちが強くなって自然にそうなるということはあり得ません。

「英語をしゃべりたいと強く思っていたらしゃべれるようになっていた！」なんて人はいないでしょう？

本当に叶えたいなら、「○○したい」から「○○する！」に、一度【決断】し直さなければならないのです。

これは「程度」の違いではなく「意識」の違いです。

決断は、読んで字の如く、「何かを断つ」という代償のもとに得られる行為です。断たなければできないではなく、「断てばできる」のです！

たとえばテレビを見ないとか、お酒を断つとかあるでしょう？

俗に言う「願掛け」と言うのは、神様に向けた誓いというよりも、【潜在意識】にアクセスするためのテクニックと考えることができます。

「自分の好きなことを一つ断ったのだから、絶対にうまくいくはずだ！」という【セルフイメージ】を【潜在意識】に送っているのです。

決断のドア

リストアップ

大量行動の範疇になりますが、非常に重要なことです。

誰に話すかを毎回思い出すなんて、効率が悪すぎます。実はほとんどの人が気づいていませんが、**今タイミングが合ってる人を【潜在意識】がお知らせしてくれるのですが、その瞬間はリストを眺めているときに訪れるのです。**

こんなこと、信じない人もいるでしょうが、あなたも電話が鳴って、**「あっ、今電話しようと思ってたんだ!!」**ってことってあるでしょ？

あんな感じでピンと来ることってあるんですよ!!

リストアップは私にとって話さないといけない人ではなく、私が今持っている「最大限の可能性」です。

あなたはすべての可能性を知りたいとは思いませんか？

そのときに「この人はやるかな」とか「この人は自分のことをどう思っているのか

私のプロスペクトブック

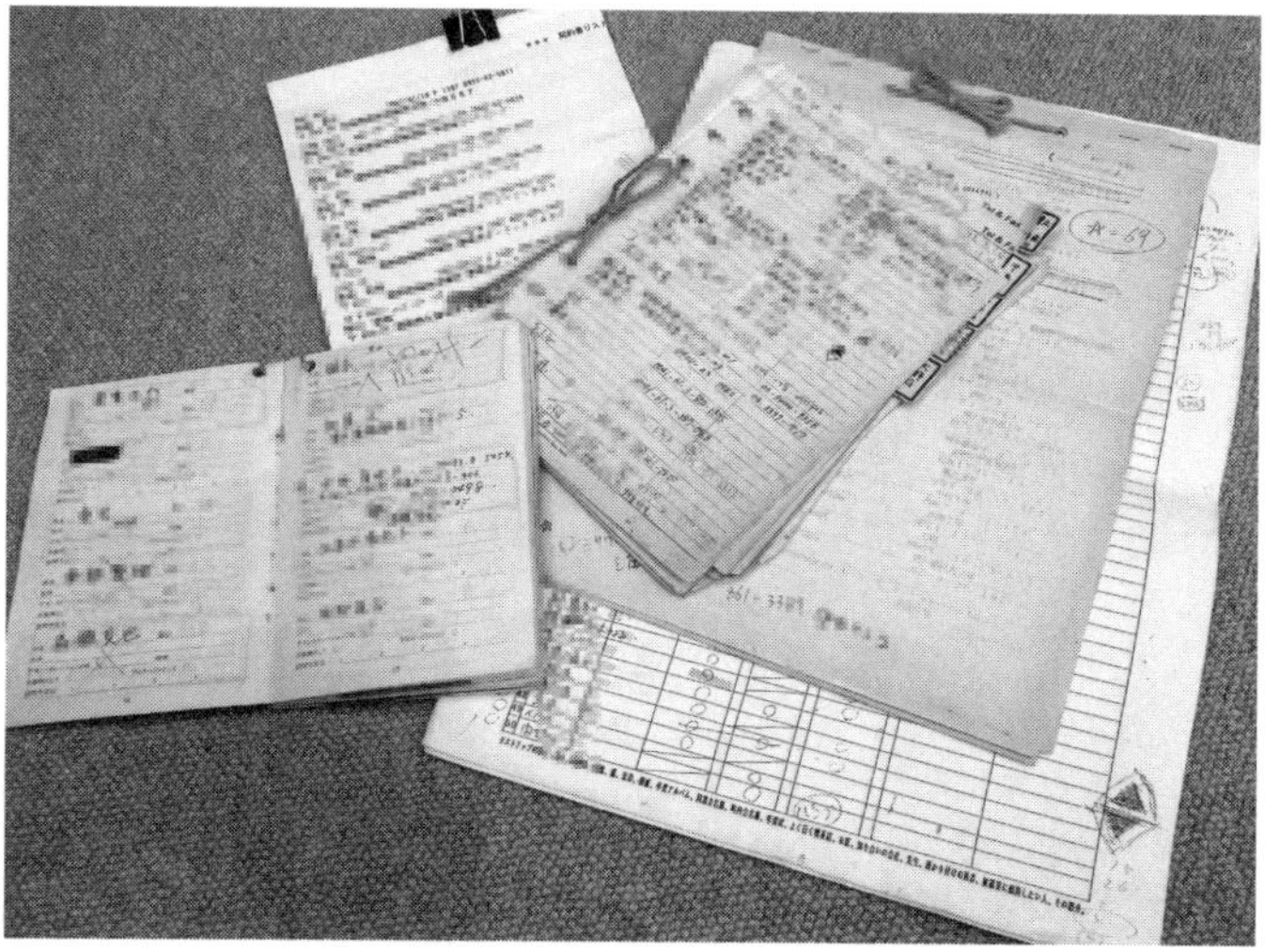

な」とかは考えなくてもいいわけです。ただの可能性なのですから。

でもこのリストアップを一度でもすべて書き出しておけば、ＭＬＭをしていく上で私たちの「財産」になります。

ですから私は人脈という曖昧な定義より、**自分が今すぐにアクセスできる可能性のすべて**と思い、この財産をずっと大切にしてきました。

よく驚かれますが、その時代時代の「プロスペクトブック」はなんと31年前のものからすべて持っています。

私は気持ちを一新するたびに、この可能性とアクセスするためにほぼ毎月リストアップから始めます。

私は計画を立てたりマップを書いたりするノートをいつも持ち歩き　、表紙には『２０１６―４』といった使用時期だけを明記し、裏表紙にはリスト表を貼りつけます。

そして誰かと知り合うたびに表の空欄へ名前を書き写します。

この際、その人の名前には気持ち的にこんな言葉が省略されています。

○○さん（と会うことによって始まる無限の可能性）

人生はタペストリー

私がリストアップ作業を大切にするのには訳があります。

およそ20年前の話です。

昔の友人が大分県から福岡の私のうちにやって来てあるビジネスをすすめました。何度も熱心にすすめるので根負けして一人だけ紹介したら、それがきっかけでそのビジネスに仕方なく首を突っ込んだことがあります。

あまりやる気がない私に彼はセミナー開催をリクエストしてくるのですが、ホテルを予約する余裕もない私は、ふと思い浮かんだ昔の知り合いに会場を貸してくれないかと電話し承諾を受けました。

そこまでは普通の話ですが、燃えすぎて暑苦しい（笑）彼を避けるために私はセミナー後、早々に退散したのですが会場の主はそうはいかずに、押され押されて仕方なく友人Mさんを紹介してしまい、なんと私にMさんと会うアポイントまで勝手に取ってきてしまいました。

前置きが長くなりましたが、このMさんは、いまだに私の組織の中で最も大きなボリュームを20年間も占めてくれています。


今度は最近の話です。

私が敬愛している、料理研究家の方を偶然Ｆａｃｅｂｏｏｋで見つけ、失礼も顧みず友達申請したところ、普通は知らない人は受けない方なのに、快諾してくださり、それだけでなく、食事会にお誘いいただき、さらには我が家で食事会を催されるようになりました。

ある日、インド人の若者を紹介いただき、彼の経営している会社に、投資をしたところ、その手続きに来られた、たった一人の仲介業者の方が紹介してくださった方が、今私のグループでいちばん成長しているOさんです。

これらの体験から何を言いたいかというと、どこからどうつながるかは誰もわからないし、偶然の連続でしかないということです。

この手の話をし出したら、1晩かかりそうです。

人とのつながりはほぼ偶然で、人生はその偶然の糸を織っていくタペストリーみたいなものです。

あなたのリストアップは、その織物をするための大切な糸であって、これなしでは偶然の連続を生み出すことはできません。

可能性とつねにつながっていてくださいネ。

アポイント

昔はアポイントは電話でしていたので、そのときの話し方に関する注意がたくさんあったのですが、時代は変わりコミュニケーションはメールでする時代になりました。

当然メールから伝わってくる印象が結果を左右するので、信頼している成功者にメール本文をチェックしてもらえばいいだけです。

私はあまり得意ではありませんが、メールは絵文字が入っている明るく華やかな文面のほうがいいに決まっています。

このときに気をつけておきたいのは、ただ会うことだけを目的にするのか、ちゃんとビジネスの話をすることを目的にするのか、どちらなのかをはっきりさせておくことです。

いちばんやってはいけないのは、お茶をしようと誘っておいて、結局「仕事の話か！」と思われてしまうことです。

仕事と思われるのはまだマシで、製品だけをしつこくすすめてきた、といった印象を持たれたら最悪です。

MLMが最も嫌われるパターンに「懐かしいから会ってみたらモノを売りつけられた」と思われてしまうことです。

自分がされて嫌なことは絶対にあなたもしてはいけません。肝に銘じてください。

私のルーティンは、朝の計画を立てるときに今やるべきことをリスト化し、スケジュールの隙間時間にアポイントを入れていくようにしています。

昔からMLMをやっている人は夜型の人が多いようです。

本業が終わってから動くのだから仕方がないところですが、夜は無意味にネットを見て時間を無駄にしてしまったり、仕事のストレスのせいで感情的になりやすかったり、何より脳が疲れているので効率が悪いです。

お付き合いでダラダラと夜を過ごすのをやめて、可能な限り早寝早起きをおすすめします。

「そうは言っても、人と会う仕事だし……」

と反論する方にお聞きしたいのですが、新規の人とそんな遅い時間に会っているんですか？

常識の中で行動しましょう。

グループの方と会うにしても、朝のほうが気持ちがポジティブだったり、短時間ですんだりするメリットがあります。

無理なら仕方がありませんが、「朝に人と会う」という発想を最初から外していないかどうか、今一度チェックしてみてください。

「とにかく動く！」とよく言いますが、実際どのくらいがいいのでしょうか。

私が知っている中でいちばん動く人は、1カ月で160アポとっていました。

本業にしている人の場合、1カ月100アポと言われています。

【セルフイメージ】の観点から言うと、数よりは「自分がどう感じているか、評価しているか」が重要。

「これだけ動いたら成功するでしょ!」と思えるかどうかがアポイント数の基準です。

会う

続いてはアポイントを取った後、実際に会ったときに何をするのかについて考えてみましょう。

親交を深めるのか、サインアップなのか、製品の話か。目的によって内容は違ってきます。

ここからの話はグループのやり方やビジネスの種類もあるので私個人の意見と思って聞いてくださいネ。

実は話を進める手順は、世代によって差が出てきます。

若い世代はスポンサリングの作業を、

お茶をする→ブロックドロップする→アップに紹介する→セミナーに誘う

というように分業する人が多いのです。

理由を尋ねてみたところ、「MLMのイメージが悪いから」とか「セミナーに誘う前に怪しまれる」というような返答が返ってきます。

根本的にあるのは「一人ではスポンサリングできない」という理由のようですが、私はこのやり方は使いません。

私は過去31年間で数百人のフロントをスポンサーしましたが、すべて1対1で行ってきました。セミナーでスポンサーしたことすら一度もないのです。

なぜなら**「あなたと一緒に成功したい」という想いを、他の人から語ってもらうのが嫌**だからです。

こうやって書くと頑固な職人みたいですね（笑）。

私は、スポンサリングは相手に成功をイメージさせる、想像力が必要だと思っています。

それを分業でやるのは、たとえば車の製造でネジばかり締めている繰り返し作業だけをひたすらやり続け、車を完成させた後に訪れるロマンや自信がイメージできないのではないかと思うからです。

もちろん「これならできそうだと思えるほうが大切では？」という反論もあるでしょう。結果が出てれば文句はありませんが……（笑）。

やりやすそうな方法よりも成果が出るかどうかが大切です。

実は、手法に気を取られて成果を見落とすケースが後を絶ちません。

人は相手の「自信のなさを感じるセンサー」を持っています。

怪しい人はなんとなく怪しいと感じますし、プロの詐欺師はそのセンサー自体を麻痺させるテクニックを使って仕事をします。

「自分がプレゼンできないから人に頼る」という在り方が出てしまいがちですよね？

また、**サインするまでに時間がかかりがちなので早い成功をイメージしにくいところもあります。**

ただ、この方法での成功例も私は知っています。

尊敬するリーダーで、綿密な計画と数、細かい注意と打ち合わせ、在り方や考え方も磨いていく、そんな難題をクリアしながら成功しているグループです。

ただ、これを真似する人たちを数多く見てきましたが、ほとんどの人が圧倒的に数で不足し断念しています。

それならば、分業せず、話すことをきちんと覚えて、30分くらいで一気に話せるプレゼンを覚えてしまうのが近道だと思いませんか？

「すごい話があるんだけど、30分いい？」と言って会えれば、すぐに結果は出るのですから。

会う　2

人と会って話すとき押さえておきたい共通事項をいくつかお話ししましょう。

私は自分の仕事をざっくり「共同経営者を見つける仕事」と定義しています。

私と相手が同じ立場になることを目指して話すのですから、会うときのテーマは「共感」です。

自分が言いたいことを言うためでなく、相手を理解しようと真剣に「聴く」ため、会いに行きます。

「当然ですよ、そんなこと。もちろん、やっています」という人もいらっしゃると思います。

しかし見ていて、「いやいや、あなたがやっているのは共感ではなくて知識の強要ですよ！」と言いたくなる人がいます。

共感に必要なのは、相手とペースを合わせることです。そのためにまずは相手の話を聴くことが最重要事項になります。

さらにやってはいけないことは俗に言う「上から目線」です。

「まさか自分はやってないよ」と思うかもしれませんが、すごく多いのが**「自分は権利収入の仕事をしているんだ」**とか**「自分はすごい情報を知っているんだ」**的な態度です。

そうではなく、「こんなことに気づいたんだ」という謙虚なマイストーリーを話しましょうネ。


私もまだまだ未熟です。失敗をすることもいまだにあります。

デール・カーネギーの名著『人を動かす』（創元社）を読むようにしています。

読んでない人はぜひ、読んだことがある人も再読をおすすめします。

人の話を「聴く」という最低限のスキルが身についたら、次は**「話の主導権をとる」**スキルです。
私は常に**「とっておきの話題を用意する」**ようにしています。

人は大きな「へぇー」という共感の連続で話に巻き込まれていきます。。

その流れをつくるためにも、お天気レベルの会話ではなく、面白い雑学を持っておくことは必要です。本から得る知識はそんなとき宝物になります。

私の得意分野は、専門的なところでは脳や潜在意識の話題、一般的なところでは美味しい食べ物と旅行の話題です。

自分の得意分野をつくって、本当に人を引きつける話ができるようになると、上級者レベルと言えるでしょう。

6色の帽子でプレゼン

いよいよ最後はプレゼンに関するテクニックです。

6ハット（6色の帽子）という、色に象徴されるそれぞれの考え方の帽子を順々に被っているのを想像し、話をまとめていきましょう。

6ハットは元来、複雑な問題を議論する時間を数分の一に短縮してくれる技術ですが、これをプレゼンに応用できるのです。

この話題だけで1冊の本ができるほどの技術なので、数行で説明することはできませんが、ここでは具体例を挙げて、感覚的につかんでもらい、あとは実践を通して体で覚えてください。

「白」は客観的な事実と数値
「赤」は感情的な視点
「黒」は考え方の弱点や警戒心
「黄」は楽天主義的な意見
「緑」は創造性と新しい考えの誕生
「青」はすべてを超越するイメージ
以上が6ハットの各考え方。
それでは具体例に落とし込んでみます。

「架空の新しい美容液」で、プレゼンしてみましょう。

「この美容液はヨーロッパで賞を取ったすごい成分と、世界初の浸透させる技術を加えたものらしくて、とにかく使用感がハンパなくてリピートがすごいんだって（白）」

「物は試しで使ったら、一回使っただけで嘘みたいな張りが出た感じで……。10歳若返える肌とかすごくない？（赤）」

「でも、すごい美容液って、よくあるっぽいし？　それに何が入っているのかも不安だし、値段も気になるじゃない？（黒）」

「でも、海外のサイト見たら1年以上売れ続けているし、安心したのは値段がリーズナブルで続けられそうなことかな（黄）」

「ここまですぐに結果が出て安全性をうたってるものって、はっきり言ってなかったから、これは30年先を行っているのも納得だわ！（緑）」

「これを使ったら他はもう使えないってみんな言うけど、ほんとはみんなに教えたくないみたいよ……（青）」


と、こんな感じです。赤や黒が効果的に使われているのがわかりますか？

6ハットでプレゼンをする

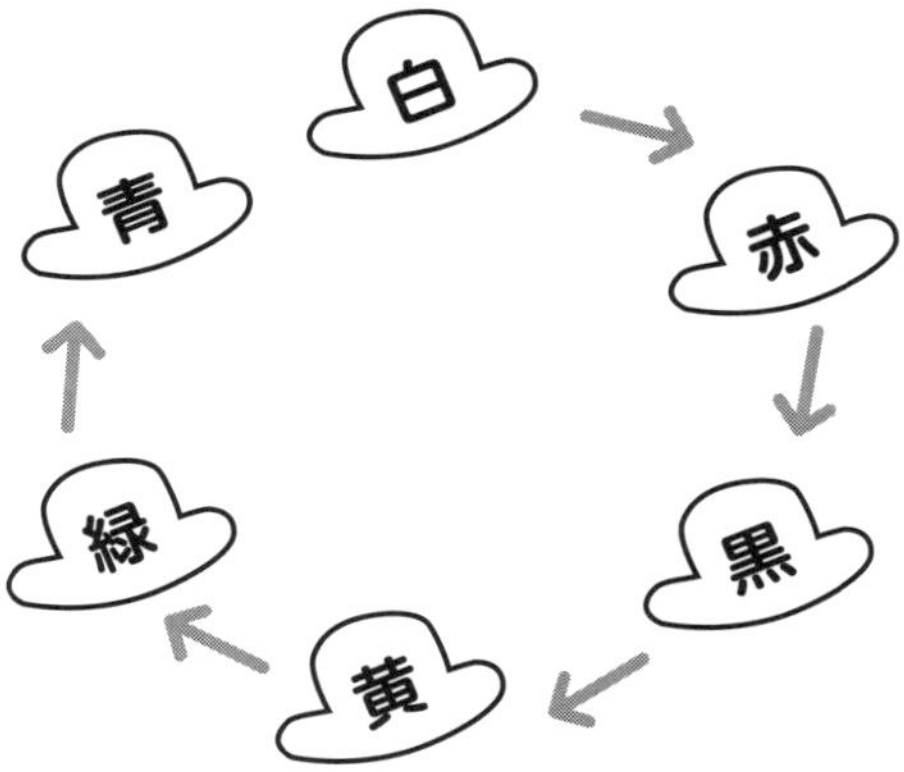

このテクニックは大きく二つのフレームワークが使われています。

一つは**小さなイエスを取っていく方法**。

人は**イエスを7回繰り返すと、8回目もイエスを言う確率が高くなる、**といった心理テクニックを使っています。

小さなイエスを取っていくことが効果抜群であることを覚えておきましょう。

もう一つは、上級者向けの技術ですが、**人が考えるマイナス思考パターンを出しては潰していく方法**です。

プレゼンされる側は常に反論や断る理由を考えています。「いや……」「でも……」といったマイナス要素を、こちらが先に出して消していく究極のテクニックになっています。

ただわかっていてほしいのは、**相手が反論できないということと、サインしてやる気になるということはまったくの別のものなので。**

これを万能のテクニックとは思わないでくださいネ（笑）。

最後にものを言うのは、前の項目に書いた通り共感、相手を巻き込む力で、結局はそれがグループを大きくしていくのです。

この手法を知ってから意識して成功者の話を聞くと、無意識かもしれませんが、このパターンを使っている人は意外と多いものですよ。

第4章

成功するＭＬＭメソッド

～グループリーダーとしての動き方～

グループを大きくする上でまず守っておきたいこと

ここからは俗に言うマネージャーのような気配りや情報伝達の面とグループのリーダーとしての在り方について述べていきたいと思います。

私は自分でも認識していますが、どちらかというと個人の能力を高めてきたタイプですので、マネージャータイプのグループフォローは苦手なほうかもしれません。

自分が苦手な分、巨大な組織をつくって成果を出しているグループを観察しましたが、私はそもそもルールを守れるタイプではないし（笑）、細かく気を遣えるタイプでもないので、私がいちばんストレスがない「本当にやりたい！」と思っている人を見つけ出し、その人と友だちになっていきながら一緒に成長していくというやり方でグループを伸ばしてきました。

あなたはいかがでしょうか。

グループをつくっていく上での基本中の基本は押さえておくべきです。

まずはマネジャー的な最低限の仕事、会社のＨＰのことから視聴覚資料やセミナー情報、教える仕組みと教えたかどうかをチェックできる仕組みもあれば便利ですよね。この点で最も効率が良いのは【行動科学】や【ＧＴＤ】（Getting Things Done）というジャンルのスキルのようです。**チェックシステムで【情報を伝える】ことのチェックリストをつくってください。**

ネット環境やクラウドが発達してきた今、約五十数年前から急発展したこの業界も、そろそろスキル的に大きな転換を迎える時期だと思います。

これればかりは時代とともに変化していくので、知識とノウハウを積み、仕事環境をアップデートする必要があるでしょう。

グループフォローにおける重要なこと

続いてグループフォローで起こりやすい事態と、それの対処法についてです。

グループをつくり始め、やる気のあるメンバーが集まり、「自分も成功者への道を歩み出したのかな？」と期待で胸を膨らましている矢先、グループ内でこんな人が現れるでしょう。

サインしたときは燃えてたのに……。

「仕事が忙しくて」「体調を崩して」と、何かと理由をつけてセミナーに出てこない人。

心配して「困ったことない？」とメールしても「特に何もありませんよ」と素っ気ない返事。

いかにも「燃えてない」様子がうかがえます。

こんな人が出てきたら、あなたはどう対処しますか？

私ならまずお茶に誘いますが、これでも会えなかったら、きっと要因の8割は、**誰**

かに話して断られたか、ネットの中傷を見たかでしょう。

これを事前に防ぐ方法があるとしたら、サインして間もなく**一緒に食事をする**こと。

これまで出会ってきた成功者に「サインしたらまず何をしますか」と尋ねたとき、いちばん多い答えが「まず食事かな」です。

昔から映画では、食事のシーンが印象的に描かれていることが多いですよね。あれは何の象徴かというと「打ち解ける」「つながりを強くする」ことを強く表現しているのだそうです。

大切な話をするときには昔から食事が欠かせないということです。

食事は人がいちばん無防備になる時間だし、本音が出やすく、「同じ釜の飯を食う」という言葉もあるように、いちばんコミュニケーションを深められる時間です。

ただ、なかにはお酒を飲んで仲を深めようと考える人もいますが、アルコールが入ると効率が悪いし、話が脱線しやすく、最悪は記憶が飛ぶので（笑）、ＮＧにしておきましょう。

まずは情報を伝える前に、お互いに【本音を語る関係づくり】を最優先するほうが、大切だと思います。

食事の場で話題にすべきなのは、「本当はどうなりたいのか？」「なぜそうなりたいのか」という「相手のやる理由」探しです。そのときにネットの中傷や断られることの意味を教えてあげるといいですね。

言っていることとやっていること

口ではやる気がありそうなのに、動かない。

正直、グループが大きくなるほどそんな人だらけです。

「なんで動かないんだろう？」

大丈夫!! リーダーは動くからリーダーなので、はっきり言ってあなた以外が全員「動いてない」人に見えてくるものなのです。

あなたが知るべきは、**「人の行動には矛盾はない」**ということなのに、ついつい「やる気があるという言葉を信じてしまう」ことです。

人間は言葉と行動が必ずしも一致しませんが、気持ちと行動は必ず一致します。

どちらが勝つかで行動が変わる

さらに正確な言い方にすると、**【願望】の強さと【障害】の大きさを天秤にかけて、どちらか勝ったほうの行動をとる生き物**です。

ダイエットしたいけれど、食べたい気持ちが勝った人は食べるし、理想の体重をキープしたい気持ちが勝てば食べません。

ここで問題になってくるのは、どちらの行動をとるにしても口では「痩せたい」と同じセリフを言う点です。

「痩せたい」と言ってはいるものの、実は気持ちの中では「つらい思いするくらいなら太ってもいい」と思っているのです。

これをMLMに置き換えるなら、「しようと思ってはいるけど断られるとへこむし、見たいテレビを我慢するくらいなら家にいたほうがいいし……」というのが本音なのです。

だからリーダーのあなたは、これを肝に銘じてください。

「言っていることより、やっていること！」

グループの人を「戦力」とだけしか見ないと駄目な人に見えるかも知れませんが、これは人間性とは関係ないのです。あなたも英語勉強したいし、部屋をきれいにしたいし、ヨガで体質改善したいけど全部できているわけじゃないでしょ？　彼らも他に優先してることがあるだけなのです。

俯瞰力

メンバーと接していると当然、情が入ってきます。

頑張っているメンバーを【感情】抜きで見ることは難しいでしょう。それが悪いわけではありませんが、【感情】に流されっぱなしもよくありません。

このときに大切にしておきたいのは、**私が勝手にそう呼んでいる「俯瞰力」という、自分を第三者のように客観的に見る力**です。

そのコツは、**「成功者が私のグループを見たらなんてアドバイスするだろう？」**という視点で、自分のグループを見渡すのです。

あるいは他系列のリーダーから「こんなグループですがどうしたらいいでしょう？」と質問された状況をイメージするでもいいかも知れません。

この方法はかなり強烈です。一度やってみてください！

私もよくやります。

そして第三者側の私の答えはほとんどの場合、

「もっと新規をつくりなさい」です。

これはグループの人たちに可能性がないという意味ではなく、私の動きと目標の期限から逆算すると、まだまだ新規をつくらないと追いつかないだけです。

ですから私は新規をつくり続けています。ほぼ毎月です。

ただ初心者の方が「俯瞰力を持て」と言われても発想が思い浮かばないでしょう。

このテクニックは少なくとも1年以上リーダーを経験した、ある程度のベテラン向きのものです。

MLMだけでなくあらゆるビジネスがそうでしょうが、**成功の敵は「思い込み」です。**

要は自分のことを棚に上げて「この人はここが足りない」「あれをやらないからうまくいかない」と思い込みにとらわれます。

自分のグループにどうアドバイスするか

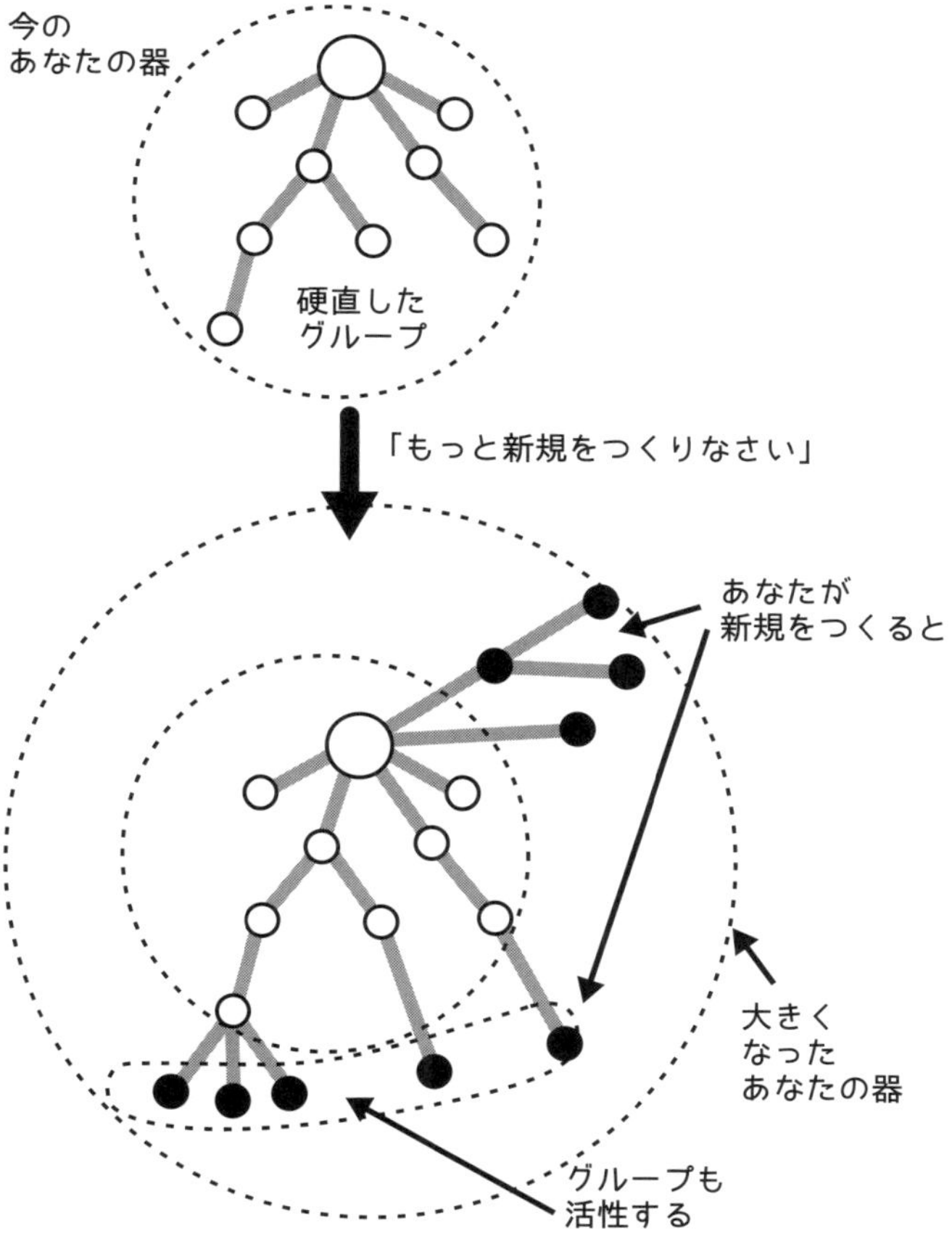

果たしてグループの人は誰のやり方をコピーしているのでしょうか。間違いなくあなたです。

グループの伸びが止まるのは、9割方あなたが「管理体制」になったときです。それを回避するにはあなたが新規をつくるしかありません‼

誰がやらなくても自分がやる！　という【在り方】に変わるとそれがグループに伝染して器が大きくなり、新規が増え始めるのです。

あなたが「新規をつくる」というコピーの元本にまずはなるべきだと思いませんか？

マネージャーとリーダーの違い

ここまで書くと「じゃ、リーダーは新規さえつくっていればいいのか！」と早合点する人がいるかもしれないので一言つけ加えます。

私が思うフォローとはまずは情報を伝えたり、人間関係をつくったり、コミュニケ

ーションをとることです。

勿論NDT・NST（要は新人メンバーの育成のためのビジネストレーニング）やプロダクツミーティング、ABCをしたり、遠方に行ってセミナーを開催することも必要でしょう。

フォローは当然必要です。と言うか、しないとグループは伸びません。

グループの大きさによって新規づくりとフォローの割合が変わってきますが、最初はグループがいないため、当然新規づくりがほとんどになります。

しかし、プランがブレイクアウェイ、バイナリー、ユニレベルによって違いますが、グループは20人くらいがちょうど分岐点になり、新規とフォローのバランスが変わってくるところかと思います。

自分が動いて見せることが大切なのに、**つい【自分が動かずに人を動かそう】と管理体制になることや、逆にグループの【便利屋さん】になったりすることです。**

忘れてはいけないのは、グループは社長同士の集まりであること。

メンバーは社員でもなければ、お客さんでもありません。

だからあなたに求められる資質は、マネージャーではなく、リーダーなのです。

私のリーダーの定義は、「誰がやらなくても私がやる」です。

あなたは、このリーダーの姿勢ができていますか?

地方で頑張っている人への手紙

交通手段の発達で、国内ならどこに行くにも日帰りができるような時代になりました。

しかし、ビジネスではまだまだ地域格差を痛感している人は多いらしく、ことMLMにおいては、地方で頑張っている人特有の「地方だから難しい」という強い思い込みが取れないようです。

そんな人には次のような文面を、メールや手紙にして送っています。

あなたがグループを束ねていく際にも、地方で頑張っている人を応援したいとき、参考にしてください。

アップから遠く離れて、『いったい何をどうやったらいいのか……』と途方に暮れているあなた！

そんなあなたにちょっと一言。

＊　＊　＊

主婦はビジネス意識が薄いけど製品に強い。

若者はお金と信用に弱いけどパワーがある。

というように、物事は見方ひとつでデメリットにもメリットにもなり得ます。

アップと離れて、十分なフォローが受けられないデメリットは、いったいどんなメリットがあるのかを考えてみましょう。

過去に大きなグループをつくっている人は基本的に、アップのフォローを受けてない人がほとんどです。

なぜでしょう？

ビジネスで成功するのに最も必要なことは自立心です。

自分がやるんだという気持ちがその人を成功させます。

アップが近くにいる人はまずその自立心が育ちにくく、成功が遅いことがあります。それに引き換えあなたは、手伝ってくれるアップが近くにいないので、自分でするしかないわけです。

私が27歳でX社のビジネスを始めたとき、アップの成功者はロサンゼルスにいました。

今思えば、そんな環境が功を奏して、**自立心が私を高みへと導いてくれました。**

ですからあなたもきっと、自立心を磨き、成功者の道をたどることができるはずなのです！

果たしてそんな自立心を持ったあなたのグループから、「アップが遠いからできない」という人が出てくるでしょうか。

そうです、**あなたは気づかないうちに、グループリーダーに欠かせない自立心をリレーしているんです！**

デメリットと思っている条件が、いつの間にかメリットに変わっている。

実はよくある成功の条件なのです。

とはいえ、遠方の人が必ずしも成功するわけではありません。

成功の基本は、アップがいるかいないかの問題ではなく、成功するというコミットだからです。

あなたは『夢を叶えるんだ！』という燃えるような情熱を持たなくてはならないし、ダウンに信念を与えないといけません。

『自分ひとりでも成功してみせる』というあなたの決断が、磁石のように仲間を引き寄せていきます。

次のことをしっかり体に染み込ませてください。

「とにかくOSをしまくる」

残念ながら、これをしなければ、同時に成功も放棄することになります。

なぜなら、あなたが話せないと、アップが来たときしかビジネスが進まないからです。

月に1回アップが来たときに新規の人を集める……。

気持ちはわかりますが、**残りの29日間は何をしているのでしょう？**

アップの完全コピーでいいから、まずは話せるようになりましょう。

「離れていても周波数を合わせられる」

どう動けばいいのかわからず途方に暮れていたり、悩んだり落ち込んでいたとき、アップの周波数にチューニングすること。

メールでも電話でもつながれるので距離は関係ないのです。

「自分に何ができるかを考えること」

グループのために何ができるかを考えることが、あなたをリーダーに育てます。

今度はプロダクツのセミナーをしようとか、この日にみんなで食事をしようとか考えているあなたは、いつの間にかもうアップ不在でも成功できる自分にうすうす気づいているはずです。

そして**最終的に自分が目標を達成し、グループの人から花束をもらい感動を共有し、グループの人にも目標を持たせられるようになったら、もっと大きな花束をあなたはグループの人にあげることになります。**

「おめでとう‼」

以上のことができるようになると、あなたはもう「あなたから始まるグループの頂点」に立てたことになります。

あのとき、アップが来てくれないと成功することなんて考えられなかったあなたが、いつの間にか遠方であることも忘れ、グループの中心になっていることに気づくはずです。

後はあなた次第。どこまで登っていくか自分で決めるだけです。

忘れてならないのは、あなたの成功の最初の要因は、アップがたまたま遠かったために、人よりも早く成功の本質「自分事にする」ことができたということです。

未来のあなたが、今のあなたを見たら、きっとエールを送るでしょう。

「遠隔地にいること、それ自体がチャンスなんだ！　頑張れ‼」って……！

第5章

多くの人が失敗する七つの理由

なぜうまくいかない？

いきなりマイナス言葉で決めつけてしまってすみません。

だって事実なんです。

多くの人が最初でつまずき、すぐにあきらめてしまいますが、それはやってうまくいかなかったのではなく、やる前にあきらめた人達だったのをご存知ですか？　この章では知っていれば防げたであろう「失敗例」をあげ、予防策を考えていきます。

私はこのビジネスに参加した人は全員成功してほしいと切に願っています。

そのためにも本章では、「失敗パターン」についてお話ししていきます。

その日に消える人１　ただの怪しい人

セミナーを聞いたばかりの人は、いわばテンションがマックスな状態。端から見ると**意味なく興奮している怪しい人**です（笑）。

そんな怪しい人が、知り合いにばったり会って言うことはどんなことでしょう？

講師の方から100の情報が伝わって可能性に気づいた初心者の人は、さっそくしゃべってみてもせいぜい印象に残った3くらいしか伝えることができないでしょう。

伝える技術を磨いていない人はこんな感じで話します。

「すごいシャンプーで人類を救って億万長者」

これで爆死です（笑）。

せめて、知識を仕入れ、【確信】を持ってから人に会いましょう（「ただの怪しい人」で終わっちゃいます。ゴメンなさい。）

その日に消える人2　ネットの中傷記事を見て断念する人

せっかくワクワクするビジネスに出会ったのに、家に帰ってネットで調べてみたら、酷い文句の中傷記事を見つけてしまい、急に冷めてしまって断念してしまう人がいます。

これは非常に残念な話です。

そもそも、ネットで中傷する理由を冷静に考えたことがありますか？

人はメリットがないと行動を起こしませんから、中傷する彼らも何らかのメリットがあって、記事を書いています。

それは何かというと、**売上の妨害**です。

競合相手か、そこから依頼された人が、中傷記事を量産しています。

この事実を逆の視点からとらえてください。**売上がまったく上がっていない、言わば脅威と感じない会社の妨害を誰がするでしょうか？**

ネットのプロは**一般大衆の意見は「3：3：4」で、いいと思う人3、悪いと思う人3、どちらもでない人4に分類されることを知っています。**

プロが見るのは、マイナスの中傷を書く勢力3の裏に隠れている、**ネットに記事を書かないプラスの勢力3です。**

マイナス意見分だけプラスの意見がある

マイナス意見がたくさん見つかるということは、イコール、プラスも多いということなので、「マイナスが多いのは人気がある証拠」と判断できます。

某国の大統領や人気アイドルは中傷の数も半端ないですが、同じ数以上のファン層も抱えています。これらと同じことなのです。

このことを踏まえておけば、中傷記事を見て断念することが、あまりにももったいないことであると気づけます。

むしろ中傷記事がたくさんあればあるほど「よっしゃ」とガッツポーズです。**それだけ人気があり、多くの競合に妬まれているほど実績があるという意味なのです**から。

その日に消える人3　「考えてみます」と言う人

セミナーで話を聞いた後、「考えてみます」と言って帰る人がいます。その人の言う「考える」の意味について、それこそ「考えて」みましょう。

ＥＳＢＩのクワドラントについては前著『パーフェクトドリーム』でも触れました。

「考えてみます」と答えた人は、95％の確率でEクワドラントかSクワドラント、つまり労働収入でお金を得ている従業員か自営業者の人です。

MLMは仕組みでお金を得る権利収入のBクワドラントに属します。

つまり同じ収入を得る方法でも、根本の考え方や動き方がまったく違うのです。異次元といってもおおげさではありません。

これまで労働収入で動いてきた人が「Bクワドラントの仕事ができるかどうか」を考える矛盾に気づきますか？

弁護士に寿司職人になる可能性を考えさせることに匹敵するでしょうか？

いいえ、弁護士は寿司職人がいったいどんな仕事なのか想像できます。しかし、MLMの権利収入についてはEクワドラントの人はまったく知らない場合がほとんどです。

ということは、**まったく無知なジャンルについて考えるというのは、幼稚園児にTPPの意見を述べさせるくらいの無茶なことだと言えそうです。**

さらに壮絶にズレている行為が、**セミナーも聞いていないパートナーや家族に相談する人。**ここまで外すと、シュールすぎてもう何も言えません。

話を聞いた人が、話を聞いていない人に相談するのですよ！

ちなみに私は、「考えてみます」と言って帰る人には必ず、**「何について考えるの？」**と尋ねます。

答えてくる答えはたいてい「自分にできるかどうか」です。

私は心の中でこうツッコミます。

「おまえは予言者かっ！」（笑）

ＭＬＭに限ったことではないですが、できるかどうかなんて、やってみないことにはわかりません。**特にＭＬＭでは、伝えた人の先から生まれる可能性なのですから……。**

１週間で消える人

ＭＬＭの話を聞いて盛り上がり、可能性を考えるまではいいのですが、その次に待っているリストアップの段階でちょっとした誤解をしてしまい、１週間で消えてしまう人がいます。

彼らはまず次のような人をリストアップします。

ESBIのクワドラント

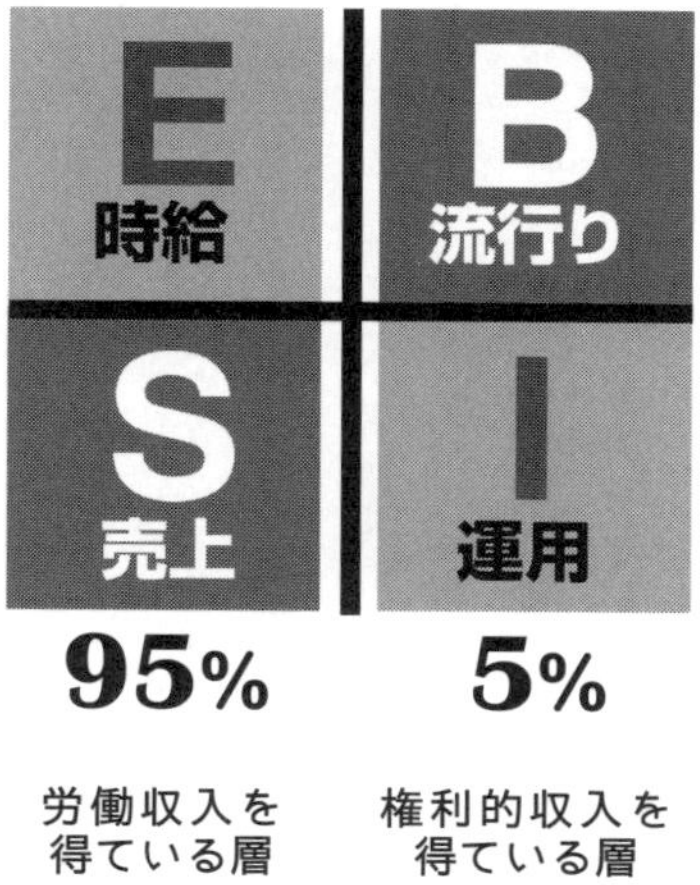

昔ＭＬＭをやっていた人
顔が広い営業マン
無職で時間がある人

これらは、いわばＭＬＭを積極的にやりそうな人の「条件」です‼
ひるがえってあなたは「条件」を満たしていたから、サインしたのですか？違いますよね。あなたは「夢」があったからサインしたのです。
自分は「夢」で選び、人を「条件」で選ぶ矛盾に気づいてください。

信じられないことに、「ＭＬＭは難しい」とあきらめてしまう人が、アタックする最も一般的な人数は３人！

その理由は４人目以降は「やりそうにない人」と思うから‼

ＭＬＭは営業の仕事ではありませんが、たとえば営業の仕事で３人断られてやめるという人をあなたはどう評価しますか？

こんな事実が常識をつくるなんて……しかしこれが１週間で消える人の典型的なパターンなのです。

偏見を刷り込まれる人

しばらく連絡がないので聞いてみると、「いやーみんなかなり偏見がありますよねー」と言う人がいます。

さて、彼らが言う偏見とはいったい何のことでしょう。

ここで唐突に質問ですが、アマゾンの奥地に住む「ヤノマミ族」に偏見はありますか？

おそらくほとんどの方が「いや、偏見というか、そもそも知りませんけど」と答えるでしょう。

そうです、**偏見は「知っているもの」にしか存在しません。**

ＭＬＭへの偏見がかなりあるということは何らかの形でＭＬＭを知っていることに

なります。

自分自身がやったことがあるか、親戚か友人でやっていた人がいるか。

やったことがある人は、なぜやったかというと、**魅力があったからです。**

その魅力の正体とは「収入」と「時間」（権利収入）です。

さて、質問ですが、世の中に権利収入を嫌う人なんているいると思いますか？

よほどの例外を除いていないはずですよね。

それでは「かなりの偏見」の正体を組み立ててみましょう。

「権利収入という誰もが魅力的と感じているものがあって、チャレンジしてみたのだけど、（せいぜい3人くらいに）断られてあきらめてしまった人」が偏見をつくっているのです！

そしてそんなあきらめた人から「MLMはこうだよ」と聞かされた人が、その偏見をさらに広め、世間に刷り込んでいます。

それは、テーブルの上のホコリのようなもの。ちょっと拭いたら取れるレベルであって、これを「かなりの偏見」というのは、ちょっと情けないなと思いませんか？

しかも、その偏見を聞いているうちに、逆に自分が刷り込まれてしまい、偏見を持っているのが当たり前という既成事実を自らつくりあげてしまっているのです。

このようなレベルの人たちが量産され、ＭＬＭ成功確率を一気に下げていると思うと……私は残念で仕方がありません。

この話、少し見方を変えれば、偏見の壁を越えて先へ行けた人は？　そうです。かなり上位まで行ける可能性を持っているのです!!

自己流の人

最近の新入社員にはこんな人が多いそうです。

「僕は褒められて伸びるタイプですので、よろしく！」

「じゃ、褒めたくなるような仕事しろよっ！」と言いたくなるのは私だけでしょうか……（笑）。

言われたことをやらない人は、自己流のノウハウをたくさん仕入れる傾向にあります。そしてそれらを自分でつなぎ合わせてやりたがるのです。

つまり自己流のやり方を組み立てる人ですね。気持ちはわかるのですが、自己流はとても危険です。

たとえば料理のレシピは素材や風味のバランスで手順を組み立てるものです。

それをいろいろな人のやり方を部分部分取り入れたとしたら、「美味しくなる核の部分」がボケてしまいます。

MLMは、リーダーによってやり方は確かに違うし、魅力的なノウハウもたくさんあります。

それらやり方やノウハウといったものには一つの共通項があります。

それは、**仕事の工程の一つ一つには「必ず意味がある」**ということです。

バラバラのノウハウをつなぎ合わせたら、その「意味」たちが混在してしまったり見当違いな方向へ転がったりしてしまい、思うような結果が出ず、先ほどの美味しくない料理のようになってしまうのです。

仮に素晴らしいやり方が見つかっても、【大量行動】しないとものになりません。

しかもあなたのノウハウは「いろんなものをミックスする」というノウハウですから、グループの人はどうやってコピーしたらいいのでしょうか？

そんな人から「私のやり方をコピーしなさい」と言われたら？　あなたの「自己流」発想と矛盾していますよね？（汗）

それとは別に、師事するリーダーをコロコロ変える人もいます。

まるで、高山の登山道を途中まで来て、また下山して違うコースで登り直し、また下山して違うコースを……の繰り返し。いつまで経っても頂上にたどり着けない人のようです。

自己流の人に足りないのは登山コースの情報ではなく、登り続ける持久力。

もちろん、自分ならではのテクニックを創出することも大切ですが、始めて間もない人がすることではありません。

よく「守・破・離」と言われますが、自己流（離）の一つの基準は、コンスタントに月30〜50万円以上になってくらいからででしょう。

わかりやすく言えば、経費を含め「食っていける状態」です。

友だちをなくすと思っている人

この部分は前著『パーフェクトドリーム』で触れたことですが、まだまだ誤解が消えていないように思うので、さらに深く掘り下げておきます。

「友だちをなくすのではないか」という発想は「友だちに売りつける人たちの集まり」というイメージでしょう。

悲しいことに、MLMで人が嫌がることばかりやってしまう輩が後を絶たないのは事実です。これは業界全体をあげて取り組んでいかないといけない問題だと思います。

しかし、開き直るつもりはありませんが、「自分だけよければどうでもいい」という利己的な人は、本当は業界問わずどこにでもいると思います。

私たちは友だちを、クラスとか部活とか趣味とか職場でつくってきました。

ただ、出会った人全員が友だちであるわけはなく、各環境の中で気の合った人と友だちになったはずです。

ＭＬＭは本来、友人に、「夢を一緒に叶えようよ」と提案するビジネスでした。

そこで考えてみてほしいのですが、あなたの周りにいる友だちは、夢を叶えたいという感性もあなたと同じでしょうか。

あなたは**「友だちだからわかってくれる」という希望的観測で話すけれど、そもそも「感性が違う確率」は結構高いと思いませんか？**

ちなみに私の場合、クラスや部活や趣味の仲間で現在一緒にビジネスをしている人は一人もいません。

高校の同窓会では友人に「お前はすごいよな」と言われますが、「じゃ、お前もやったらいいじゃん」と誘ってみても響かない様子です（汗）。

「昔の友人」と「夢を叶えたい」というフィルターは必ずしも同じ人を選び出すわけではなさそうです。

私はＭＬＭのことを、**【友だちに収入を取らせる仕事】**と胸を張って言いますし、そのことに大きな誇りを持っています。

以前、ラスベガスからグランドキャニオン、アンテロープキャニオンという２００
０キロにわたる通称グランドサークルをグループの仲間８人で行ってきました。

最高の体験でしたが、収入と時間、そして何より仲間がもっともっと増える人生って最高だと思いませんか？

夢を共有できる仲間を見つけてくる感性を持てば、友だちをなくすことなんて絶対にありません！

それどころか、むしろ増えていく、それがＭＬＭです。

第6章

成功し続けるために知っておくべき九つのこと

うまくいかないときに読んでほしいこと

私たちの仕事は毎日いいことしか起こらないわけではありません。

誰にだってミスはありますし、どんな成功者も恥ずかしかった失敗をいくつも経験しています。

では、それをどうやって克服するか？　もちろん意味づけを変えはしますが、基本的に成功者は失敗を忘れます。

うまくいかない人は、失敗したことをいつまでも引きずり、思い出してはチクチクと自分を痛めつけているのです。

中には**トラウマという便利でやっかいな言葉**を用いて、自分をこれでもかと傷つけている人がいます。

自分の腕にナイフを突き刺している人を見たら、「なんでそんなことするの、やめなさいよ！」と止めますよね。体の傷はまだ治りますが、心に傷をつけることはかなりの自傷行為です。

そんな心の傷をどうやって克服するかというと、失敗のとらえ方を変えるのです。
失敗を「貴重な体験を積んだ」と思うことです。
思えというより……実際その通りでしょう。
この世は**成功と失敗があるのではなくて、成功と成長しかない**のですから。
そしてさらに大事なことは、
失敗を成長ととらえたら、忘れる!
これに限ります。

よくセミナーの座談形式で、成功者をゲストにした質問コーナーが設けられます。
そのときのありがちな質問に「失敗談を教えてください」といったものがありますが、そのときのゲストの顔をよく観察してください、笑えますから!
成功者は必ず遠くを見つめて、首を捻りながら、一生懸命思い出そうとしているはずです。

そう、忘れってしまってるんです！
成功者の「失敗を忘れる能力」は、下手したら「成功する能力」より優れているかもしれません。

もし今あなたが失敗を経験したばかりで、沈んだ気持ちになっているなら、失敗を成長ととらえて、さらっと忘れること。

そしてどんなに小さなことでもいいから、立ち止まらずに行動を起こして成果を出すことです。

ちょっとでもいい感じにできたら、大げさに喜びましょう。

私の場合はこう喜びます。

「俺って天才！」

こういうのは私、めちゃ得意です。

そんな私を見て妻はこう言います。

「あなたって本当に幸せだわ」

その言葉すら、私の耳にはこう聞こえます。

「あなたといて本当に幸せだわ」（笑）

やる気を上げたいなら

プロのプロである所以は、「自己管理能力の高さ」であると言われます。

とは言っても、ＭＬＭは体を鍛えたり、道具を手入れしたりする仕事ではありませんので、**自己管理は「やる気の維持」に尽きます。**

成果が出ないのは、やってもやってもうまくいかないよりも、やる気がないから動いてないことのほうが多いのです。

ときどき「モチベーションが下がるんです」という相談を受けますが、**モチベーションは動機づけなので上がったり下がったりはしません。**

上下するのはやる気や気分です。

しかし侮ることなかれ、やる気や気分を制したものこそが、このビジネスでは勝者となっています。

さて、そこで質問ですが、あなたの気分を上げるものは何ですか？

食事ですか。読書ですか。映画や音楽鑑賞ですか。誰かと話すことですか。どこか特定の場所へ行くことですか。

できることなら、そういったやる気を上げてくれるものが、生活の中に自動的に組み込まれる仕組みをつくってほしいです。

私は福岡にいたころ、車に乗ってエンジンをかけると、燃えるスピーチが自動で流れてくるようにカセットを入れたままにしていた。

車社会の福岡、移動するたびに私は燃えていました（笑）。

お風呂、トイレ、冷蔵庫、着信音、デスクトップの背景、そういった普段の生活で必ず訪れる場所や見る場所に、やる気を上げる材料を設置しましょう。

そして場所。あなたのお気に入りのスポットを見つけておきましょう。

私のお気に入りは移動時の新幹線のグリーン車や飛行機のファーストクラスや高級ホテルのティーラウンジです。

決して自慢しているわけではなくて、このゆったり感が、【セルフイメージ】を高く保つために必要なのです。

そしてお気に入りの場所でする「ひとり会議」は別格です。

ひとり会議のテーマは**「この状態から、今の収入を倍にする人がいるとしたら、いったい何をするのか?」**。

想像力を働かせて箇条書きにすると、メチャ燃えます!

これだけで小冊子が書けてしまうほど、私にとってひとり会議は禁断のテクニックなのです。

なぜなら、**成功って、想像力で決まる**と思っていますから。

アファメーション&インカンテーション

「私は○○年○月念願の○○を達成しました。今からこの日のために用意した表彰のドレスを着てみんなが待っている会場に向かうところです」

未来の状況を、あたかもすでに達成したかのようなリアルな表現で過去形で表現するアファメーション。これは【潜在意識】の以下のような特徴をうまく利用したとても効率的な成功法です。

- **実際見たものと、あたかも実際に見たかのようにイメージすることは、同じ電気信号であること**
- **体験より、あたかも体験したようなイメージを多くの回数抱くことのほうが、脳は事実と認識すること**
- **潜在意識には時間の概念がないこと**

もちろんアファメーションは数行で語り尽くせるようなものではありません。このテーマだけでこれまでいくつもの本が書かれています。

それだけ効果抜群だということです。

そしてさらに、アファメーションをもっと強烈にした最強の武器があります。

それがインカンテーションです。直訳すると呪術や呪文という意味のこの方法は、アファメーションに視覚性や動作などを加えた応用技といえます。

アファメーションの内容を声に出し、その声を耳から入れ、ヴィジョンボードで映像を目に入れ込み、さらに体の動作も加えることで、より深く【潜在意識】に落とし込

ヴィジョンボードの一例

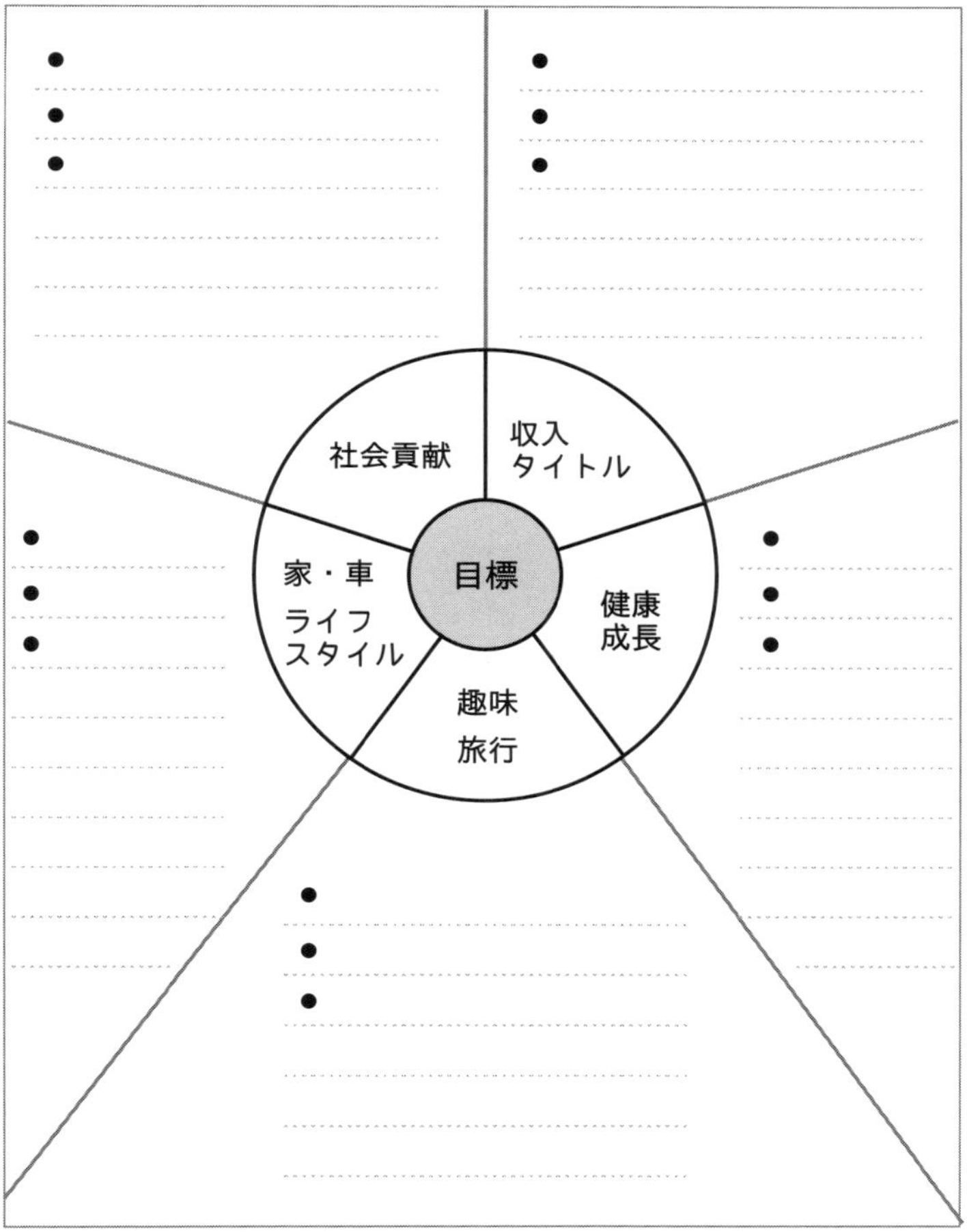

む、ある意味で儀式です。

特に決まった型式にとらわれることはありません。自分に合った方法を採用するのがいいでしょう。

私は【目標】を達成するため、様々な形のインカンテーションを試しました。

先ほどの声出しやヴィジョンボードや動きにプラスして毎朝神棚へ参拝したり、その他諸々……(笑)。

なぜ、こんなことを続けているのか。

別に私がスピリチュアル路線に変更したわけでもなければ、何かが降りてきたわけでもありません。

【潜在意識】の可能性を骨身にしみて自覚するようになってきたからです。

見えないものは信じないという人がたくさんいますが、
あなたには紫外線が見えますか？　電波は見えますか？
見えなくても科学で実証され測定されているものは信じるという人もいます。では、友情や愛はどうでしょう。測定できないから存在しませんか？

【潜在意識】は目には見えませんが、確実に存在します。本書の一貫したテーマを改めて問いますが、そこにアクセスすることでどんな可能性が見えてくるでしょう？

テクノロジーの役割は怠惰を生むものではなく、他の生産的なことに能力を使うための可能性だと思っています。

昔の人にとって洗濯板でごしごし洗うのはきっと重労働だったはずです。

これが洗濯機の発明によって、その分他の作業ができるようになりました。

同じように【潜在意識】という自動的に【目標】達成をサポートしてくれる存在を自由に使いこなせたら、どんなに様々な可能性を私たちは手にすることができるでしょう。

インカンテーションによって、未来を切り拓く【潜在意識】をフルに使いませんか？

世界がつながる仕組み

1967年、イエール大学のスタンレー・ミルグラム教授が行った有名な実験の話です。

州を越えて、無作為に抽出した３００人に次のような指令を与えました。

「ボストンに住むミルグラム博士の友人のとあるビジネスマンに、この手紙を転送してほしい。ルールは、実験対象者の直接の友人に渡すことと、よりそのビジネスマンに縁の深そうな人に渡すこと」

詳しい住所も告げずに手紙を渡したにもかかわらず、この実験では大半の手紙が目的のビジネスマンへ届いたというのです。

そのステップを調べてみると、実験対象者から平均して６人を隔ててビジネスマンへとたどり着いていました。

これから立てられた仮説が**「6次の隔たり」**。目的の人につながるためにはせいぜい６人隔てればいいという新事実に、当時は一大ブームとなったそうです。

時を経て35年後、２００２年のインターネット社会真っ只中に、今度はこの実験をデジタルで、地球規模にて行っています。

アメリカの国民から今度は10万人もの人を抽出し、世界中のありとあらゆる職業を持つ13人（エストニアの役人、インドのコンサルタント、オーストラリアの警官、ノルウェーの獣医といったような人たち）にメールを転送するという実験です。

その結果は、なんとまたも平均6人！

このことから**「世界は6人でつながっている」**という説が立証されました。

さらにこの実験では、キーマンのような顔の広い人（インフルエンサー）がいて、そこから一気につながっていくこともわかり始め、さらには幸福な人は幸福な人とつながり、不幸な人は不幸な人とつながるという、ちょっと怖くてある意味納得する結果も得られました。

このようなネットワーク理論を紐解いていくと、今の時代の攻略方法が見えてくるような気がしませんか？

この話にピンと来ない人は「6人でつながったってすごいね」くらいで終わってしまうのでしょうが、私にとっては、とんでもない事実が発覚したというくらい衝撃なのです（笑）。

「つなぐという行為、たったそれだけで、誰でも巨大なネットワークをつくれる！」

「6次の隔たり」はそれを物語っています。

ＭＬＭは「すごい人脈を持っていない人でも、コツさえつかめば成功できる」ということが明らかになった瞬間なのです。

重要な部分を再度かいつまんでおくと、この理論の肝となっているのは「目的の人物」です。

目的の人物に縁が深そうな人にリレーするという着想は、ＭＬＭでも応用できそうですよね。

似た属性の人どうしがつながっているのだとしたら、まずは「こんな人に伝えたい」という人物像を決めて、そのイメージに近い人からアプローチをかけていけば、その人のつながりをたどっていくことで、さらにイメージに近い人たちと出会えることになります。

より一層、効率のいいビジネスの発展が期待できそうです。

６次の隔たりで誰でも巨大なネットワークを構築できる

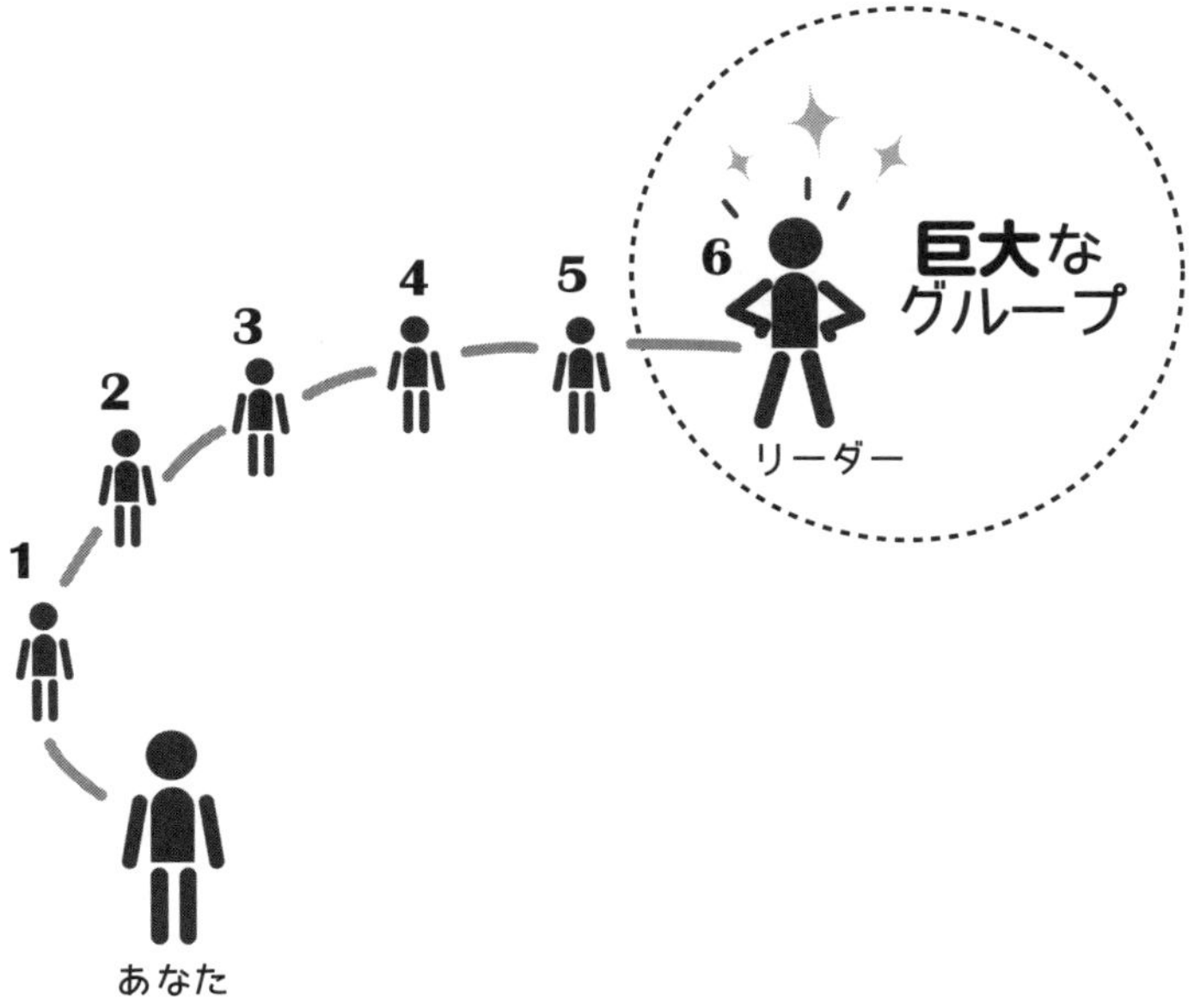

ファシリテート　基本編

ファシリテートとは直訳すると「促進する」という意味で、イメージ的には司会者のような様々な意見をまとめて、一つの方向へと束ねて導いていくといった行為です。

ＭＬＭでもこのファシリテートの技術はたいへん重要です。相手との話の中で、どのようにアプローチをかけ、どのように相手の気持ちを理解し、どのように結論へと持って行くかは、あなたのファシリテーターとしての技量が試されるところです。

中でも特に必要とされるのが、相手の「そうは言っても」といった言葉への反論処理。これが結果を左右します。

ただ反論処理というとなんだか戦っているようなイメージがあるので、私はファシリテートという言葉をよく使いますが、相手と向かい合って戦うのではなく、**横に並び肩を組んで歩調を合わせ、目的の場所へ連れて行くことをイメージしています。**

相手の意見を聞くという姿勢を通して、相手の見ている景色を一緒に見ようと努力しながら、相手側に立って同じイメージを持つ努力をするといいでしょう。

ファシリテートの場面では定番の導き方があります。「ＵＳＤ」という手法です。

U＝understand（理解する）

S＝said（言った）

D＝discovered（発見した）

たとえば相手が「友だちなくしそう」と反論してきたら、「なくすわけないじゃん！」と言い切るのではなく、次のような切り口で対応しましょう。

「あー、わかるわかる（理解する）。僕も思ったわ、最初（言った）。でも、ちゃんと話聞いてみたら全然違ってその逆だというのに気づいたんだよねー（発見した）」

ポイントとなるのは**「まず共感する」**ということ。鉄則ですね。

さて、実践でのファシリテートに際し、まず準備すべきは「どんな種類の反論があるのかを知る」ことです。

たとえば家の電話に「○○不動産と申しますが」と、マンションの営業電話がかかってきたとします。

あなたがそれどころじゃなかったりしたら、咄嗟に「来客中なので」か「今、火にかけているので」と定番のセリフで断るでしょう（笑）。

このことから何を言いたいかというと、人は不意打ちで来るものに対する反応は、ほとんどパターンがあるということです！

朝起きて「今日ＭＬＭの誘いを受けたらなんて断ろうかな？」と考える人なんていません。

ほとんどの人は、何の準備もなく誘いを受けるので、咄嗟の断り文句は大体相場が決まっています。

いくつか分類して、相手が断ろうと感じる理由をまとめておきます。

【やりたくない理由】

「ねずみ講では？」「怪しい……」「友だちなくしそう」「人からどう思われるんだろう」

「セミナーに出たくない」「在庫抱えるのはちょっと……」

【できない理由】

「時間がない」「友だちがいない」「うまく喋れない」「身近な人が反対する」「会社が禁止している」

【正直な理由】

「できそうにない」「自信がない」

【曖昧な理由】

「その手はやらないことにしている」「今はいいかな……」

断る理由を事前に知っておけば、こちらも即座に対処できます。本書や前著『パーフェクトドリーム』ですでに言及している項目もあるので、それらも参考にしつつ、ファシリテートしていく過程を事前にイメージしておきましょう。

ファシリテート　実践編

それでは実際にファシリテートの場面で使える言葉について考えていきますが、先に重要なことをお話しします。

相手は「やりたいけど気になる問題がある」のか、それとも「やりたくないから何かの理由を持ち出した」のか。

口に出して聞いてもいいですし、雰囲気から察するでもいいでしょう。

たとえば「主人に相談してみる」と言われたら、即座に**「あなたはどう思ったのか？」**と尋ねましょう。

もし「私はいいと思った」という答えが返ってきたなら、「じゃ、ご主人にどうやって伝えるか作戦を練ろう！」と問題解決の焦点を絞ることができます。

一つの反論に答えても、すぐに別の反論を出してきた場合は、「やりたくないから

何かの理由を持ち出した」のパターンが多いと思われます。なんとかして断ろうとしているのですね。

この場合は理由を潰していっても埒が明かないので、**次につなげる目的で、良好な関係を築けるような接し方**をしましょう。

ここで忘れていけないのは、**完全に断られたのではなく、相手と見ている観点が違った、つまり正確には【意識】が拾い上げている134がお互いで違うものだった、ということです。**

あなたは、今以上になろうよ！　という提案をしたのです。

いくら観点が違ったからといっても、その提案を相手が拒んだということはないはず……実は、相手も「本当に断ってよかったのかな？」という揺らいだ気持ちに、多少はなっているはずです。

後はあなたがどんどん成長していけば、気にし始めるのは相手のほうなのです。

【目標】達成能力を鍛えよう

【目標】の設定方法はタイプによって様々です。

大きな【目標】だと俄然張り切るタイプ、収入でブチ切れるタイプ、ミッションが心を熱くするタイプ、できそうだと思うと頑張れるタイプ……。

これらはその人の【セルフイメージ】と連動しています。

いいとか悪いとかではありません。基準はその【目標】があなたの行動を変えているかどうかです。

一般的には「できたらすごい【目標】」と「絶対これ以下には落としたくない【目標】」という二つを設定する人がいちばん多いです。

くどいようですが、いい【目標】とは壁に貼って毎日眺めたくなるような「価値ある素晴らしいもの」、ではなく、「あなたの行動を変えてくれるもの」です。

それを見るとやる気がわいてくる【目標】を見つけるまで試行錯誤してください。

「決められないんです」という人が必ず出てきますが、誰もあなたが決めるのを邪魔なんかしませんよ（笑）。

「決めないということ」を決めているのはあなただということに気づいてください。

「決めないことで得られる目先の快感」と「決めないことで起こる将来の苦痛」を、常に天秤にかけることをお忘れなく。

達成するのに必要なこと

あなたにとって、【目標】の達成率って何割くらいでしょうか。

【目標】は達成して当たり前の人もいれば、達成しないのが普通の人もいます。達成するものという意味づけの人もいれば、一応決めておく程度の人もいます。

達成する人とそうでない人は、いったい何が違うのでしょう？

始めたばかりの人なら技術的な部分で達成率は低いでしょうが、ベテランならば達成率が高いかというと、そうでもないのです。

違いは【決断】です。**もっとリアルに表現すれば「【決断】の技術」の違いです。「決断の技術」とはつまり、「達成以外に道はないというメンタリティに持って来られるかどうか」に懸かっています。**

これは実は「強く【決断】する」という技術であって、すさまじい意志力なんて必要ありません。

私は常日頃から**「【意識】は一瞬で変わる」**と言っています。

たとえば偏差値が上がるとか、筋肉をつけるみたいなことは、時間がかかります。朝起きたら天才になっていたり、マッチョになっているなんてことはないですからね。

しかし【意識】はどうですか?

「夏はハワイに行こう!」や「今から部屋を片づけるぞ」といったことは、一瞬で【決断】できます。

そうです、【決断】するとか【意識】を変えてみるということは、根性や気合とは関係なく、チャンネルを変えるくらいの軽さで行えるものです。

ではなぜ、軽い行動であるのに、達成することはできないのか。

それは**決めるのと同様、あきらめるのも一瞬でできてしまう**からです。

それでは、あきらめないように、【決断】を続けていくにはどうしたらいいのか。

ここが重要なところで、続けられる人と途中であきらめてしまう人の差は、**「【決断】の強さを補強する技術とその回数」**によって決まります！

何か悔しいことがあると途端に燃えたり、会計年度の関係でどうしても達成しないといけないタイトル月だったりすると、強く【決断】できるときもあることでしょうが、その【決断】度合いを強化してくれるのは、**【決断】を思い出す回数**で決まります。

達成が頭からずっと離れないような状態、環境、コンディションを、意図的につくり出す……そう、これは半分技術です。

リマインダーを活用する、紙に書いて視界に入る場所に置いておく、アップやメンバーの力を借りる。

【決断】を【意識】する回数が増えれば増えるほど、あなたの成功確率は上がっていくものと思ってください。

悲しいことにＭＬＭのメンバーの95％が【目標】を持っていません。

そして残りの５％のうちの半分以上は、月のうちの数回しか思い出さないため、**月半ばで「今月は調子悪いな」と思ってあきらめているだけ**なのです。

このようなことになってしまう理由は明白で、ＭＬＭは管理する人がいないに等しいのと、サイドビジネスでやっている人が多いので、いろいろな言い訳を立てて逃げてしまえるからです。

達成が難しい言い訳を考えることについて、人は天才的ですからね（笑）。

達成できないのは、それを達成できるだけの能力があなたに備わっていないわけではなく、ただ忘れているだけなのです。

よりたくさん、あなたの【決断】を思い出す回数を増やしてください。【目標】達成能力は確実に伸びていきます。

達成する確率を上げる方法

達成するために次に必要なのは**「【目標】をロックする」**ことです。【目標】にカギをかけて、達成以外の選択肢をなくしてしまうことです。

もちろん無茶苦茶高い【目標】を設定すると、ロックではなくブロックがかかるのでいけませんが……（笑）。

ロックするという感覚はどんなものか具体例を挙げましょう。

大切な商談の日に寝坊して、バス停に慌てて向かったらすでに行ってしまった後だった。さて、あなたはどんな発想をするでしょうか？

「次のバスを待っていたら間に合わないから商談はあきらめよう」なんて発想は持たないですよね？

「バスがダメならタクシーで行こう」といった発想に切り替えるはずです。

「あきらめる」という選択肢はなく、「バスがダメならタクシー」と自動的に他の達成方法を考えているのです。

これがもし大切な商談ではなく、「どこか買いものに行こうかな」くらいの出来事だとしたら、タクシーとは思わずに「行くのはやめて家で映画でも見ようかな」になったりします。

【ロック】と【思い出す回数】が習慣になっていけば、何かトラブルが起きたときでも「できそうにない」ではなく、瞬間で「で、どうやって乗り越えようか」という発想に変わってきます。

これは習慣化する訓練なので、普段意識していればできるようになります。

あなたが目指す【目標】は、あなたが悠々と達成できない所にあるから【目標】なのです。

ジャンプしないと届かない所を目指しているので、上に行こうとするとき【抵抗】は必ず生じます。

上に上がろうとすれば、自分の体重だけでも立派な障害です。障害が出てくることはわかっているのに。想定内のことなのに。

想定の範囲内の壁にビビってどうするんですか？

そこがわかってくると事前に踏まえていれば「おー、来た来た！」くらいになります。

「達成できたらいいな」くらいの状態のときは「こりゃ難しいな」と思わせていた壁たちが、「達成以外に選択肢はない」と決めたときは、迷いもせず解決方法を考えるようになります。

不謹慎ですが、私はよく子どもが誘拐される話をします。

身代金を要求され、当てにしていた工面の方法がダメになったとき、まさか「子どもをあきらめる」なんて選択肢は生まれないですよね？

迷いなく「ダメか、じゃどこで集める？」と考えを切り替え、他の方法を探し始めるはずです。

その感覚でやれば達成の確率は一気に高まります。

達成の技術を磨くことによってあなたの成果は無限大に大きくなっていくでしょう!!

エピローグ

【パラレルワールド】という言葉を知っていますか？

そのまま訳すと【並行世界】。

ＳＦ映画に出てくる、現実の世界と似てるけど、微妙に違う世界のことで、タイムマシンとかの題材でも使われる概念です。

映画の中で、たとえば主人公の恋人が事故にあったとします。

そこで主人公がタイムマシンで過去のそのシーンに戻って、事故を回避すると、その恋人が死なずにすむ……みたいな空想の話ですが、実はこれが現実に頻繁に起きてるのです!!

ただこのタイムマシンと違うのは、過去を変えるという話ではなく、【未来を変える】タイムマシンの話です。

私たちは過去に様々な選択をしてきました。

たとえば受験や部活……もしあのとき、あれを選んでいたら、あるいは選んでいなければ……という話ってありませんか？

私の場合、今の妻と出会ったのも偶然だし、途中でいろいろな選択肢を違ったチョイスをしていたら結婚していなかったと思うような分岐点が多々ありました（汗）。

今の会社と出会ったのもまったく関係ない人が「○○って会社知ってる？ 怪しいでしょ？」という電話をしてきたのがきっかけです。その人はやっていないし、何のために僕に電話してきたのかいまだにわかりません。【何かの使い】としか思えないのです。

ＭＬＭでは、ある人に声をかけるという行為が、後にとんでもなく人生を変えるということがあります。

私たちは日々様々な選択をして人生をつくっていく分、実は選択しなかったらどうなっていただろうという想像の人生もあるのです。

しかし、考えてもみてください。

もしあなたが少しでも違う選択をしていたなら、現在は変わっていたのかもしれないのと同じように、**今、選ぶものを変える……たとえば、話せそうもないけど思い切ってあの人に話したら、まったく違う未来が待っているのかもしれない……とは思いませんか？**

正直、神様でもない限り予測は不可能ですが、たった一つだけ確実なことがあります。

それは、あの人に声をかけない、あのセミナーに出ない……という選択は生産性に欠ける……つまり何も生みだしそうにないということです。あなたが家にいて嬉しい

のは、あなたのホメオスタシスだけです（笑）

何もしないで家にいるのと、誰かに会うことと、どちらが変化が起こる確率は高いですか？

そうなんです、あなたも知っているように、素晴らしい出会いは何らかのアクションを起こしたことで生まれてきてるのですから……。

逆に、私が最も恐怖を感じるのは、大きなグループをつくるきっかけになった人を思い浮かべ、

「もしあのとき、あの人に声をかけていなかったら？」

というシチュエーションを想像したときです。

今、**あなたの目の前には複数の道に分かれた分岐点が無数にあります。心の目でイメージしてみてください！**

その網の目のような分かれ道すべてがあなたの【未来の可能性】です。

未来とはあなたの前にすでに用意された【決まっている運命】ではなく、目の前の選択によってどんどん変わっていく流動的な存在なのです‼

ということは、今あなたの目の前にある「Aさんはしないだろうからメールしないでおこう」というカード（選択）を元に戻し**「いちおうAさんにも話してみよう」というカードを取った瞬間に、その先のカードが数枚入れ替わり、それを何度か繰り返すと、数枚目、あるいは数十枚目に、一気に数千枚のカードがドミノのように変わってしまう出来事にぶつかるかもしれない可能性**のことです。

私はそんな経験を何度も何度もしてきました。

しかし、一気に数千枚のカードは自力ではひっくり返せません。できることは一度に1枚のカード……やることはとっても地味です。**成功する人は1枚1枚淡々とめくっているだけです。**

【この選択が未来をつくる】……尊敬する友人の池田貴将君が言いました。

人の本質とは、その人がどんな選択をするかという基準のこと。

確かにその通りです。

人生とはどんな出来事が起こったかではなく、何を選択したか、その集大成のことを呼ぶのです。

可能性を持った方を選び続けたいとは万人が思いますが、今日のアポイントには残念ながら【可能性】とは書かれていません。隣にテレビとか遊びとか飲み会と書かれたカードが華やかに並んでいるだけなのです。

この本を読んでいただいた読者の方は、読後にいくつかの行動を選べます。

誰かにメールする、計画を立てる、アポを取る、とりあえず寝る……。

人生はあなたの目の前に現れる出来事で構成されますが、それはあなたの選択がつくり出したものであり、その選択をチョイスしたあなたは……実は【何か】を求めていたからその選択をしたのです。

提案があります!!
逆タイムマシンゲームをしませんか?
成功にたどり着くゲームはルールがたった一つだけ!!

それは毎回毎回、行動の選択肢を選ぶ場面で【最も求める結果になりそうなカードを選ぶ】というものです。

あなたの求める未来を生きる人がいるとしたら今この瞬間、どんな価値観でカードを選択していくのでしょう?

今の選択で未来は変わる

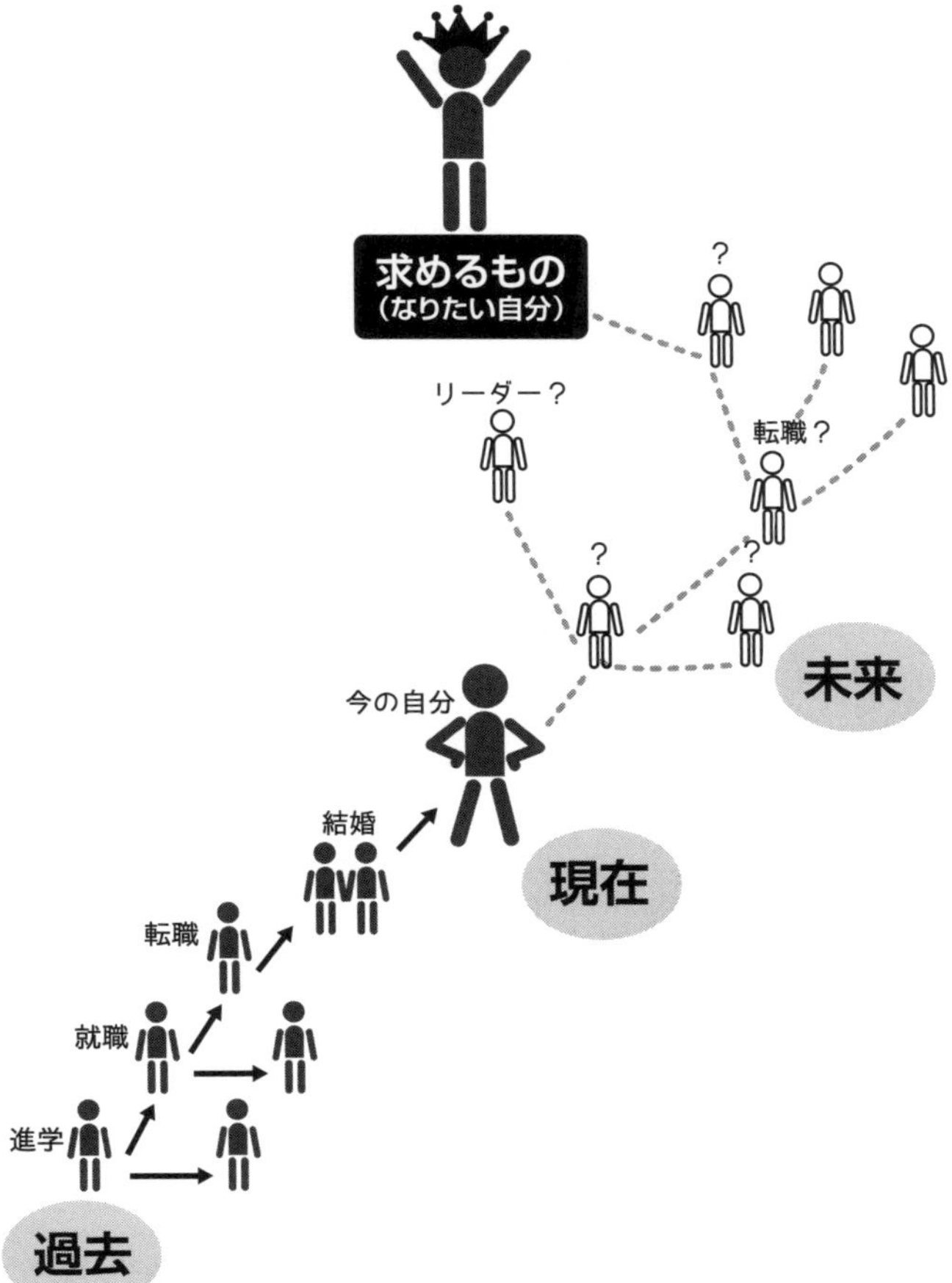

その答えをあなたは本当は知っているはずです。

未来はあなたの前に自動的に流れてくる時間ではなく、

あなたが今、あなたの選択で変えられるものなのです。

あなたはすでに可能性という道具を持っています。

後はあなたがカードを選び【あなたの望む世界】をつくり上げていくだけなのです。

おわりに

現代は単なる双方向の「通信」という初期のネット社会を終え、「つながり」という、まるで脳のシナプスのような多方向ソーシャルネットワークの時代となり、そのことでビジネスチャンスまでもが地球規模で大きく広がりました。

その可能性は脳の潜在意識が、発達しながら未知の可能性を実現しているのと似ています。

この原稿を書き上げる数日前、モナコのフェアモントホテルのエレベーターの中で挨拶した方が、カリフォルニアから来ている方だったので、「そう言えば僕も11月にちょうどニューポートビーチに行くんだよ」という話をしたら、「えっ、僕はニューポートビーチに住んでるんだよ!!」と盛り上がり、エレベーターを降りた所で立ち止まってお互いにｆａｃｅｂｏｏｋでつながり、仕事も含め、今度11月はカップル同士で会おうということになりました。

まさにこの本に書いている潜在意識が出会いまでをコントロールするというテーマそのもののような出来事でしたが、ＳＮＳでの出会いまでもがリアルとバーチャルの境がなくなりつつあるのも、まさに脳の構造とよく似ています。

私自身、つながりは創造の始まりであり、人生そのものと考えていますので、そんな出会いは無条件にウエルカムです。勿論ｆａｃｅｂｏｏｋのリクエストも可能な限り受けますし、アドレスも公開しています。

また、2020年を目標に、次はMLMコンサル業も始めようと思っているため、試験的にビジネスの個人コーチをスタートさせます。

興味のある方は巻末のアドレスにご連絡ください。

最新のビジネスでありながら、教育が行き届かず誤解される……。
そんな宿命を持った業界ではありますが、アメリカで50年以上前に生まれたこのビジネスも次の新時代に突入しないと、他のビジネスのインフラの進歩に置いてきぼりを食らいそうです。

今あなたが感じている数百倍の可能性を持つ世界へようこそ！

その可能性の一つの指南書となってもらえれば幸いです。

DVD【もう一度、伝え始めるその前に】の使い方

付録のＤＶＤは、初めてこのビジネスに携わる方、もう何年もやっているけれどうまくいっていない方が、もう一度、伝え始める前に、このビジネスの可能性を確信し、相手の反応に対して揺らがない自分を持つために役立てていただきたいと考え、作成しました。

本文内容と重複する部分もありますが、スピーチでみなさんにお伝えしたいため、収録しています。

夢をかなえることは尊いことです。

あなたの夢を止めることはだれにもできません。

ただし、あなたがその夢を手放さない限り……。

自分の軸をしっかり持てるよう、このＤＶＤを活用してください。

江頭俊文

Facebook https://www.facebook.com/toshifumi.egashira

E-mail e.egashibu@gmail.com

著者紹介

江頭俊文（えがしら・としふみ）

1957年生まれ。福岡県出身。武蔵野美術大学油絵科出身。在学中から個展を開き画家としての道を歩みつつも、20代よりMLM（マルチ・レベル・マーケティング）の可能性に気づき、外資系大手MLM、X社のトップディストリビューターとして活躍。途中、外資系大手保険会社でもMDRTに輝く。38歳からは外資系大手Y社のMLMに取り組み、瞬く間に前人未到の世界最高ランクを2度にわたって達成する。投資会社設立や個展を行いつつも、日本の文化を継承すべく、次世代の育成に燃えている。著書に『パーフェクトドリーム—ネットワークであなたの人生を成功に導く完璧な方法—　DVD付』『人生を変える見えないボタンの見つけ方　DVD付』（いずれもあさ出版）がある

パーフェクトメソッド　DVD付《つき》
～ネットワークであなたの人生《じんせい》を最高《さいこう》に変える頭《あたま》と心《こころ》の使《つか》い方《かた》～　〈検印省略〉

2016年　8　月　13　日　第　1　刷発行
2017年　5　月　3　日　第　2　刷発行

著　者——江頭 俊文（えがしら・としふみ）
発行者——佐藤 和夫

発行所——株式会社あさ出版
〒171-0022 東京都豊島区南池袋 2-9-9 第一池袋ホワイトビル 6F
電　話　03 (3983) 3225 (販売)
　　　　03 (3983) 3227 (編集)
F A X　03 (3983) 3226
U R L　http://www.asa21.com/
E-mail　info@asa21.com
振　替　00160-1-720619

印刷・製本　(株) シナノ
乱丁本・落丁本はお取替え致します。

facebook　http://www.facebook.com/asapublishing
twitter　http://twitter.com/asapublishing

ISBN978-4-86063-903-7 C2034